SCHRIFTEN AUS DEM GESAMTGEBIET DER GEWERBEHYGIENE
HERAUSGEGEBEN VON DER DEUTSCHEN GESELLSCHAFT FÜR ARBEITSSCHUTZ
IN FRANKFURT A. M., HOHENZOLLERNPLATZ 49
HEFT 44

Hygiene in Setzmaschinenräumen

Eine Untersuchung der Arbeitsbedingungen

Im Auftrage des Technischen Ausschusses
der Deutschen Gesellschaft für Arbeitsschutz

bearbeitet von

Dr. Werner Vaje
Gewerberat bei der Regierung
Frankfurt (Oder)

und

Dr. Hans H. Weber
Wissenschaftlicher Angestellter
im Reichsgesundheitsamt

Mit 14 Abbildungen

Springer-Verlag Berlin Heidelberg GmbH
1935

ISBN 978-3-662-31368-8 ISBN 978-3-662-31573-6 (eBook)
DOI 10.1007/978-3-662-31573-6

Vorwort.

Die Klagen über die gesundheitsschädlichen Einwirkungen der Arbeit an den Setzmaschinen sind seit der Einführung dieser Maschinen nicht verstummt. Die Bekanntmachung des Reichskanzlers, betreffend die Einrichtung und den Betrieb der Buchdruckereien und Schriftgießereien vom 31. Juli 1897 ist in erster Linie auf Handsetzereien und Stereotypien zugeschnitten; sie konnte die Eigenarten der Setzmaschinen noch nicht berücksichtigen, weil noch keine genügenden Erfahrungen über die gesundheitlichen Auswirkungen vorlagen. Auch die von verschiedenen Seiten veröffentlichten Berichte und Statistiken über die Erkrankungen der Maschinensetzer ließen keine bindenden Schlüsse auf das Vorhandensein bestimmter schädigender Einflüsse zu.

Es wurde deshalb mit Freuden begrüßt, daß im Technischen Ausschuß der Deutschen Gesellschaft für Arbeitsschutz von Seiten der Arbeiter der Antrag gestellt wurde, die Verhältnisse in den Setzmaschinenräumen eingehend untersuchen zu lassen und in einer Veröffentlichung aufklärend auf Betriebsleiter, Arbeiter und Aufsichtsbeamte einzuwirken. Das damalige Preußische Ministerium für Handel und Gewerbe (später Preußische Ministerium für Wirtschaft und Arbeit, jetzt Reichs- und Preußisches Arbeitsministerium) wurde gebeten, die Untersuchungen zu veranlassen. Dieses stellte dankenswerter Weise auch die Mittel für die Ausführung der sich als notwendig erweisenden zahlreichen Untersuchungen zur Verfügung. Die chemischen Untersuchungen wurden im gewerbehygienischen Laboratorium des Reichsgesundheitsamtes ausgeführt.

Ein einheitliches Bild über die hygienischen Verhältnisse in den Setzmaschinenräumen konnte nur gewonnen werden, wenn die Untersuchungen alle diejenigen Einflüsse erfaßten, die das Wohlbefinden der Maschinensetzer beeinträchtigen können. Neben umfangreichen klimatischen Messungen wurden deshalb auch Untersuchungen der Luft auf ihren Gehalt an Blei, an Kohlenoxyd und Kohlendioxyd und Untersuchungen des in den Räumen abgelagerten Staubes ausgeführt.

Ich glaube nicht zu weit zu gehen in der Behauptung, daß das Ergebnis wichtige Fingerzeige für eine Verbesserung der hygienischen Verhältnisse in den Setzmaschinenräumen gibt. Neben den Herren Dr. Vaje und Dr. Weber gebührt besonderer Dank der Deutschen Buchdrucker-Berufsgenossenschaft und den Betrieben, die bereitwilligst die Durchführung der Untersuchungen während der Arbeitszeit ermöglichten, sowie Allen, die mit Rat und Tat dabei zur Seite gestanden haben.

Deutsche Gesellschaft für Arbeitsschutz.

Der stellvertr. Vorsitzende des Technischen Ausschusses:

Dr.-Ing. Kremer
Ministerialrat

Inhalt.

Einleitung.

Um die hygienischen Einrichtungen in Setzmaschinenräumen ist bereits vor dem Weltkriege, man kann fast sagen, seitdem im Jahre 1897 die Setzmaschine in Deutschland eingeführt wurde, heftig gestritten worden. Auch heute ist man sich noch nicht einig geworden. Von Zeit zu Zeit wurden besonders in den Fachblättern der Maschinensetzer allgemeine Wahrnehmungen über die gesundheitsschädliche Arbeit an den Setzmaschinen mitgeteilt und darauf fußend Behauptungen aufgestellt, welche die Grundlage zu der heute weit verbreiteten Anschauung gelegt haben, die Arbeit in den Setzmaschinenräumen sei für die Gesundheit besonders nachteilig. Da es sich beim Maschinensetzer um einen seiner Arbeit nach hochqualifizierten Volksgenossen handelt, so sind seine Klagen auf eine besondere Waagschale zu legen. Bei einer sachlichen Untersuchung über ihre Berechtigung ist naturgemäß die Literatur der Maschinensetzer eine wichtige Stütze. Das Bild, das man aus dieser Literatur gewinnt, ist wenig erfreulich.

Die Anschauungen über die Arbeitsverhältnisse in Setzmaschinenräumen.

Zuerst haben sich die französischen Maschinensetzer um die Jahrhundertwende mit den hygienischen Verhältnissen bei der Arbeit an Setzmaschinen befaßt.[1]) Sie bildeten aus ihren Reihen eine hygienische Kommission, die eine Statistik über die Krankheiten bei den Maschinensetzern aufstellte. Es wurden folgende Erscheinungen ermittelt: Migräne, Kopfweh, Entzündungen der Augenlider, Sehstörungen, Schlaflosigkeit, Appetitmangel, Karies der Zähne, Magenkolik, Magenkrämpfe, Hämorrhoiden, Taubheit der Arme und Beine, Lähmungserscheinungen, Scheintod und Wahnsinn, Fehl- und Totgeburten. Die beiden letzten Erscheinungen rühren daher, weil in Frankreich auch Frauen an den Setzmaschinen beschäftigt wurden. Diese Statistik hat allerlei Spottbemerkungen, besonders wegen der vier zuletzt genannten Erscheinungen, hervorgerufen. Um einwandfreie Unterlagen zu erlangen, sah sich die Zentralkommission der Maschinensetzer Deutschlands veranlaßt, neben anderen Erhebungen auch solche auf gesundheitlichem Gebiete zu veranstalten und gleichzeitig die Krankheiten zu ermitteln, die sich als Folgeerscheinungen beim Arbeiten an den Setzmaschinen ergeben hatten. Diese Erhebung umfaßte ein Jahrzehnt, und zwar bis zum Jahre 1907. Aus

[1]) Vergl. den Geschäftsbericht der Zentral-Kommission der Maschinensetzer Deutschlands für das Jahr 1907.

ihr gewinnt man einen guten Überblick über die Einführung der Setzmaschine. Es waren vorhanden:

März	1901:	389 Maschinen	mit	525	Setzern
September	1901:	560 „	„	816	„
Jahr	1903:	1022 „	„	1482	„
„	1905:	1399 „	„	2069	„
„	1907:	2082 „	„	3048	„

Zum Teil waren nach dieser Erhebung die Maschinen in Räumen mit völlig unzureichendem Luftraum untergebracht. Geklagt wurde auch über die Temperaturverhältnisse, die sich je nach der Jahreszeit empfindlich bemerkbar machten. Zugluft, Kälte im Winter, sowie unerträgliche Hitze im Sommer wurden fast allgemein angegeben. Ein auffallend hoher Hundertsatz der rund 3000 Maschinensetzer litt an Krankheiten, und zwar:

337	an	Kopfweh	189	an	Magenleiden
403	„	Sehstörungen	129	„	Verstopfung
176	„	Schlaflosigkeit	62	„	Hämorrhoiden
112	„	Appetitlosigkeit	55	„	Bleierkrankung.

Die überwiegende Mehrheit hat außerdem „Nervosität“ angegeben. Die Ursachen dieser Krankheiten werden zum überwiegenden Teil auf die Betriebsweise zurückgeführt, und zwar Kopfweh auf die Ausdünstungen von Gas, das unter und am Gießkessel in offenen Flammen brennt, ferner auf die Ausdünstungen beim Einschmelzen des Metalls, je nachdem Zeilen in mehr oder weniger gereinigtem Zustande dem Gießkessel zugeführt werden. Die Sehstörungen werden der künstlichen Beleuchtung und der ungünstigen Aufstellung der Setzmaschinen zugeschrieben. Die erhöhte Anstrengung der Nerven sowie der Bleidunst soll in der Regel die Ursache der Schlaflosigkeit sein. Für die Appetitlosigkeit und Magenleiden werden teils die ungeregelte Lebensweise der Maschinensetzer, die in Doppelschicht arbeiten, teils Bleivergiftungen verantwortlich gemacht. Mehrere Angaben auf den ausgegebenen Fragebogen über Lähmungen, und zwar der Finger, des ganzen Armes sowie der Beine sollen in erster Linie den Bleiabfällen und den feinen Bleiabsonderungen beim Gießen und Beschneiden der Zeilen zuzuschreiben sein. Bemerkt wird noch, daß wegen der Bleierkrankungen eine Anzahl Maschinensetzer ihren Beruf wieder aufgegeben haben sollen. Das Ergebnis dieser Statistik ist angegriffen worden. Es wurde dagegen eingewandt, die kurze Zeit der Setzmaschineneinführung könne noch kein Urteil über den gesundheitsschädlichen Einfluß rechtfertigen — die Angaben der Maschinensetzer seien übertrieben —, solche Krankheiten könne man bei den Handsetzern ebenfalls feststellen u. a. m. Infolgedessen veranstaltete die Zentralkommission der Maschinensetzer im Jahre 1910 eine erneute Rundfrage. Sie erstreckte sich auf 1251 Betriebe, in denen 3248 Setzmaschinen standen, die von 4275 Maschinensetzern bedient wurden. Das Ergebnis der Krankheitsermittlungen war folgendes:

	Es klagten	In ärztlicher Behandlung	Arbeitsunfähig Personen	Arbeitsunfähig Tage
Kopfweh	813	60	14	248
Sehstörungen	705	130	15	484
Schlaflosigkeit	336	23	—	—
Appetitlosigkeit	204	9	1	14
Magenleiden	300	145	77	2486
Verstopfung	274	27	5	100
Hämorrhoiden	190	19	4	299
Bleierkrankungen	127	67	38	1355
Nervenleiden	640	219	92	4571
Rheumatismus	—	106	50	1961
Lungenleiden	—	36	30	2530
Halsleiden	—	71	43	1069
Herzleiden	—	24	16	469
Ohrenleiden	—	17	6	85
Unfälle	98	71	48	1189
		1024	439	16860

Hieraus wird der Schluß gezogen, daß die Dünste aus den Gießkesseln und die Verbrennungsgase die Urheber von Kopfschmerzen, rheumatischen Schmerzen, Hals- und Lungenleiden, Magen- und zum Teil auch Nervenleiden sind. Das Blei wird als die Hauptgefahr für den Maschinensetzer und die Ursache zu den meisten Erkrankungen angesehen. Zur Frage der Abzugsrohre und der Lüftung wird eine Ergänzung der Bundesratsvorschriften für unbedingt notwendig gehalten, und zwar dahin, daß über jeder Setzmaschine ein Abzugsrohr von bestimmter Stärke anzubringen sei, an dessen Ende ein Exhaustor eingebaut sein müsse. Der Trichter zum Aufsaugen der Dünste müsse so gestaltet sein, daß er nicht nur die dem Kessel entströmenden Dünste, sondern auch das unverbrauchte Gas der Heizflamme (durch Umhüllung des Gießkessels) ins Freie entführe, außerdem müßten je nach der Anzahl der Maschinen Ventilatoren vorhanden sein, die eine Luftzufuhr ermöglichen.

Die Luftraumverhältnisse werden noch immer als ungünstig bezeichnet, die meisten Betriebe hätten sich streng nach der Vorschrift der Gewerbeordnung gerichtet: 15 cbm je Maschine. Das Umschmelzen der ausgedruckten Zeilen in Klötze wird als Forderung aufgestellt, desgleichen das Reinigen der Magazine in besonderen Räumen. Auch der Schädlichkeit des elektrischen Lichtes auf die Augen wird noch gedacht.

Das gesamte Wissen um diese Dinge ist dann 1913 in einer kleinen Werbeschrift „Hygiene im Setzmaschinensaal" niedergelegt, die von der Zentralkommission der Maschinensetzer Deutschlands herausgegeben und in den Kreisen der Maschinensetzer verbreitet wurde.

Sie ist insofern bemerkenswert, als die in ihr enthaltenen Anschauungen auch heute noch fortleben. Zum Beispiel hat ein Aufsatz aus dem Jahre 1930 in der Zeitschrift für Deutschlands Buchdrucker Nr. 42 wörtlich die Angaben der Schrift übernommen. Bemerkenswert aus der Schrift ist, daß Front gemacht wird gegen die Ansicht der Gewerbeinspektoren über die günstige Wirkung der Setzmaschinen auf die Gesundheit der Arbeiter, weil sie den Maschinensetzer im Gegensatz zu dem Handsetzer vor der Berührung mit bleihaltigen Lettern schütze und seine Augen und Nerven anstrengende Tätigkeit erleichtere. Wesentlich ist ferner, daß positive Vorschläge für eine Besserung der Arbeitsverhältnisse gemacht werden z. B. für die Aufstellung und Anordnung der Setzmaschinen. Aber auch die Zwiespältigkeit einer Lösung kommt darin zum Ausdruck. Es wird, was an sich richtig ist, die Aufstellung der Setzmaschinen parallel zur Fensterwand am vorteilhaftesten angesehen, aber auch darauf hingewiesen, daß der Platz am Fenster im Winter zur Qual für den Setzer werden kann, wenn durch die Fensterritzen die kalte Außenluft in den Raum dringt. Zur Verhütung von Erkältungen usw. sollen Doppelfenster mit Erfolg verwendet worden sein. Als die wichtigste Frage wird die Lüftung des Setzmaschinensaales, das Abführen der Blei- und Verbrennungsgase und die Zuführung frischer Luft hingestellt. Es wird dazu ausgeführt, daß in den meisten Setzmaschinensälen über den Gießkesseln die gesetzlich vorgeschriebenen Abzugsrohre vorhanden seien. Abgelehnt werden Abzugsrohre ohne Exhaustoren — wir haben solche Abzugsrohre, die einfach ins Freie münden, heute noch angetroffen. — Über die Luftzuführung wird folgendes geschrieben: Im Sommer ist diese Frage schnell gelöst: bei ruhigem Wetter durch Öffnen der Fenster. Schwieriger ist schon die Lösung, wenn die Fenster geschlossen gehalten werden müssen. Jede Luftzuführung durch Klappfenster, Windrädchen, Exhaustoren und dergl. verursacht eine gewisse Zugluft und daher werden von den Setzern diese Einrichtungen meistens nicht benutzt, um sich der Gefahr der Erkältung nicht auszusetzen. Diese Anschauung gilt noch heute, wir haben sie oft bestätigt gefunden. Damals hat man als beste Lösung angesehen, wenn an die in den Fenstern eingebauten Exhaustoren Rohre angeschlossen werden, die bis hinter die Maschinen reichen und in ein Sieb auslaufen, um so die hineingetriebene Luft gleichmäßig zu verteilen. — Der Erfolg solcher Einrichtungen im Verein mit Abzugsrohren über den Gießkesseln dürfte außerordentlich zweifelhaft sein.

Für die Größe eines Setzmaschinenraumes wird ein Luftraum von mindestens 25 bis 30 cbm je Maschine gefordert. Anerkennenswert ist, daß den Setzern persönliche Ratschläge gegeben werden. Hiervon ist folgende Anschauung bemerkenswert: „Eine Arbeit, die auch während der Arbeitszeit vorgenommen wird, ist das Reinigen der Bleikessel. Das aus dem Kessel geschöpfte Metall mit der Krätze und all dem sonstigen Schmutz wird dann in einen Kasten neben der Maschine geschüttet (Abfallkasten), und — das ist das wichtigste — bis zum Erkalten teilen sich die Bleidämpfe dem Arbeitsraum mit." Es wird daran die Mahnung geknüpft, diese Arbeit in einer Zeit auszuführen, in der die Mitarbeiter abwesend sind. Hier kommt also die auch heute noch in den Kreisen der Setzer vertretene Auffassung zum Ausdruck, daß das flüssige Lettermetall in den Gießkesseln Bleidämpfe entwickelt, ja sogar bis zum Erkalten.

Diese Erkenntnisse, daß nämlich die Luft in den Setzmaschinenräumen schlecht ist, ferner daß die Setzer Bleidämpfen ausgesetzt sind, haben in der Nachkriegszeit zu Eingaben an Behörden und zu Beschlüssen geführt. So hat im Jahre 1920 der 3. Deutsche Maschinensetzer-Kongreß in Nürnberg beschlossen, die Reichsregierung aufzufordern, besondere sanitäre Bestimmungen für Setzmaschinenräume herauszugeben. Es ist daraufhin von der Zentralkommission der Maschinensetzer ein Entwurf aufgestellt worden. Er verlangt:

1. Der Luftraum für jede Buchstaben- und Zeilengießmaschine muß mindestens 30 cbm betragen. Für mehr als eine Maschine ist ein besonderer Arbeitsraum zu beschaffen. Die Monotype-Taster müssen räumlich getrennt von der Monotype-Gießmaschine untergebracht werden.
2. Über jedem Gießkessel ist eine Abzugsvorrichtung anzubringen, die sowohl die Ausdünstungen des Bleikessels als auch die Verbrennungsgase der Kesselheizung entführt.
3. Für die Zuführung frischer Luft in den Arbeitsraum ist durch geeignete Anlagen Sorge zu tragen.
4. Zum Einschmelzen dürfen nur gereinigte und trockene Zeilen verwendet werden. Wenn möglich, ist das Einschmelzmetall in Klötzen zu liefern.
5. Das Umschmelzen der Zeilen oder der Einzelbuchstaben zu Klötzen muß in besonderen Arbeitsräumen geschehen.
6. Das Reinigen der Magazine der Linotype-Maschine hat außerhalb des Arbeitsraumes zu erfolgen.

Diesem Entwurf ist eine Begründung beigefügt. Sie führt zu Punkt 1 u. a. aus: Abgesehen davon, daß die Setzmaschine selbst einen Luftraum auf einer Fläche von $2{,}25 \times 1{,}75$ m beansprucht, auch die Hantierungen des Maschinensetzers einen gewissen Raum in Anspruch nehmen, sind es die im Setzmaschinenraum vorhandenen Blei- und Gasdünste sowie die Wärmeausstrahlung der Kesselheizung, die die Forderung nach größerem Luftraum für Setzmaschinen berechtigt erscheinen lassen. Die Festsetzung von 30 cbm für jede Maschine hat sich bisher in der Praxis als notwendig erwiesen. Die gleiche Forderung wird auch von Sozialhygienikern vertreten. So stellte Hahn („Die Gesundheitsverhältnisse im polypraphischen Gewerbe Deutschlands") fest, „daß der Kohlensäuregehalt der Luft beim Luftkubus von 15 cbm je Maschine schon nach kurzer Arbeitszeit ganz unzulässige Werte erreicht". Dr. Berger („Die volkswirtschaftliche und sozialpolitische Bedeutung der Einführung der Setzmaschine in Deutschland") und Dr. Hinke („Auslese und Anpassung der Arbeiter im Buchdruckgewerbe mit besonderer Rücksichtnahme auf die Setzmaschine") halten einen Luftraum von 30 cbm für unbedingt erforderlich.

Zu Punkt 2 enthält die Begründung folgendes: Der in der Bundesratsverordnung niedergelegten Vorschrift der Anbringung von Abzugsrohren über den Gießkesseln ist in den Setzmaschinensälen im allgemeinen Rechnung getragen. Leider erfüllen diese Vorrichtungen nur zum Teil ihren Zweck; sie befinden sich in der Regel 30 bis 40 cm über dem Schmelzkessel und sind am Ende mit einer mehr oder weniger großen Fanghaube versehen. Dadurch wird nur ein Teil der Bleidämpfe abgeführt, während der andere Teil im Arbeitsraum verbleibt. Vollständig im Raum bleiben die Abgase der durch Gas bewirkten Kesselheizung, die innerhalb achtstündiger Arbeitszeit 4,5 bis 5 cbm Gas erfordert. Die Folgen dieser unzulänglichen Abzugsvorrichtungen sind die vielen Krankheitserscheinungen der Maschinensetzer (Schwindelanfälle, Kopfschmerz, Erkrankung der Atmungsorgane usw.). Ein weiterer Mangel eines Teiles der vorhandenen Abzugsvorrichtungen ist, daß die Rohre in den Schornstein gehen oder gar ins Freie geführt werden ohne Verwendung von Ventilatoren. In solchen Fällen ist die Abführung der Gase mangelhaft und wird bei der Ableitung ins Freie durch Witterungseinflüsse zur Unmöglichkeit. Die Verwendung von Ventilatoren zur Abführung der Gase ist eine unbedingte Notwendigkeit.

Die Forderung in Punkt 3 ist beachtlich. Sie gewinnt besonderes technisches Interesse, wenn man sich vergegenwärtigt, daß beim Vorhandensein von Abzugsrohren mit Ventilatoren, wie unter 2 gefordert wird, ja irgendwoher frische Luft anstelle der abgesaugten kommen muß. Die Begründung erläutert diesen Punkt folgendermaßen: Ein außerordentlich fühlbarer Mangel in den Setzmaschinensälen ist das Fehlen einer Anlage zur Einführung von Frischluft. Durch den Verbrauch des Sauerstoffgehaltes der Luft seitens der Kesselheizung entsteht eine sauerstoffarme Luft in den Arbeitsräumen, die vermengt mit den Gasen des Schmelzkessels und den Verbrennungsgasen der Heizung, die bei sauerstoffarmer Luft sich vermehren, eine geradezu betäubende Atmosphäre schafft. In den Sommermonaten ist dem Mangel an frischer Luft durch Öffnen der Fenster abzuhelfen. Für den größten Teil des Jahres allerdings müssen die Fenster geschlossen gehalten werden, da die Arbeiter in den Räumen sehr erhitzt und beim Eindringen kühler Luft Erkältungen ausgesetzt sind, andererseits auch der Gießprozeß der Maschine durch die Abkühlung Störungen unterworfen ist.

Schließlich sei noch die Begründung zu Punkt 4 des Entwurfes erwähnt: Ein großer Übelstand in den Setzmaschinenräumen ist die Verarbeitung der von den Druckmaschinen kommenden Zeilen. Diese mit Druckerschwärze und feinem Papierstaub behafteten Zeilen werden zum Teil ungereinigt in den Gießkessel geworfen, und die dann aus dem Kessel aufsteigenden Dämpfe erfüllen mit ihrem üblen Gestank den Arbeitsraum. Auf der Tarifausschuß-Sitzung der Tarifgemeinschaft der Deutschen Buchdrucker im November 1920 kam dieser Mißstand zur Sprache; von Unternehmerseite wurde zugesagt, in ihren Kreisen für eine Abstellung des Übelstandes zu wirken. Im Organ der Zeitungsverleger erschien auch eine entsprechende längere Notiz. Welchen Erfolg diese Bemühungen der Unternehmer hatten, soll nicht feststehen.

Bekräftigt wurden diese Ausführungen durch statistische Angaben aus dem Jahre 1920. Von 3365 Setzmaschinen, die mit Abzugsrohren versehen waren, hatten nur 879 Maschinen Anschluß an Ventilatoren. 60 Setzmaschinen waren ohne Abzugsrohre. Von 5132 Maschinen standen 3842 in eigenen abgeschlossenen Räumen, 1006 Maschinen standen mit anderen Maschinen in einem Raum. (Bostonpressen, Tiegeldruckpressen, Schnellpressen, Rotationsmaschinen, Buchbindereimaschinen, Stereotypie-Apparaten, Komplettgießmaschinen, Kalandern, Gas- und anderen Motoren, Metallschmelzöfen, Metallsägen u. a.). 167 Setzmaschinenräume waren ohne jede Heizgelegenheit, in 34 v. H. aller Betriebe war die Beheizung mangelhaft, besonders während der Nachtschichten. 57 v. H. aller Maschinensetzer befanden sich im Alter von 31 bis 45 Jahren, 16 v. H. waren über 45 Jahre alt. Schließlich liegt noch eine Statistik vor über die Todesfälle und Todesursachen in den Jahren 1885 bis 1924, die vom Verband der Deutschen Buchdrucker aufgestellt ist.

Todesursachen	Todesfälle
Altersschwäche	149
Arterienverkalkung	131
Asthma	54
Bauchfellentzündung	41
Binde- und Zellgewebeentzündung	5
Bleivergiftung	112
Blutvergiftung	92
Darm- und Magenleiden	722
Drüsenleiden	8
Gehirn- und Rückenmarksleiden	425
Gelenkentzündungen	3
Geschwüre, Karbunkel	76
Gicht, Rheumatismus	133
Herzleiden	1085
Infektionskrankheiten	391
Kehlkopf- und Halsleiden	248
Knochenkrankheiten	17
Krebsleiden	289
Übertrag	3981

Todesursachen	Todesfälle
Übertrag	3981
Leber- und Gallenleiden	189
Lungenleiden	4892
Nervenleiden	218
Nieren- und Blasenleiden	441
Ohrenleiden	26
Operationsfolgen	101
Rippen-, Brustfell- und Lungenentzündung	279
Rose	20
Schlagfluß	759
Freitod	292
Speiseröhrenverengung	28
Unglücksfälle	298
Tuberkulose	527
Vergiftungen	48
Wassersucht	95
Zuckerkrankheit	93
Ursachen anderer Art	90
Todesursache unbekannt	659
	13046

Betrachtet man diese Statistik nach der Größenordnung der Krankheitsgruppen, so stehen die Todesursachen durch Krankheiten der Atmungsorgane an der Spitze, es folgen die Krankheiten der Kreislauforgane, des Nervensystems und der Verdauungsorgane. Irgendwelche Besonderheiten lassen sich aus der Statistik nicht erkennen. Die Reihenfolge der Größenordnung ist dieselbe wie bei den Ursachen der Sterbefälle in der Gesamtbevölkerung z. B. des Jahres 1924.

Über Einzelheiten bei den Erkrankungsfällen geben die Geschäftsberichte der Ortskrankenkassen für das Buchdruckgewerbe Auskunft. Aufgeführt sei dazu als Beispiel die Zahl der Erkrankungsfälle nach dem Geschäftsbericht der Ortskrankenkasse für das Buchdruckgewerbe zu Berlin für den Zeitraum vom 1. Januar 1929 bis 31. Dezember 1929. Zum Vergleich ist die Zahl der Erkrankungsfälle bei den Handsetzern, Druckern und Tiefdruckern und den kaufmännisch Angestellten im Buchdruckgewerbe mitangegeben.

	Mitgliederzahl	Erkrankungsfälle	von den Mitgliedern waren bis zu 13 Wochen krank
Maschinensetzer	1136	476 (41 v. H.)	40 v. H.
Handsetzer	6321	3528 (57 „)	52 „
Drucker, Tiefdrucker . .	3351	2217 (66 „)	63 „
kaufm. Angestellte . . .	1148	811 (70 „)	67 „

Die aufgeführte Krankheitsdauer bis zu 13 Wochen ist der niedrigste erfaßte Zeitraum in dem Geschäftsbericht, in ihm sind auch die leichten Erkrankungen enthalten. Betrachtet man die größeren Krankheitsgruppen und rechnet aus, welchen Vomhundertsatz der Mitgliederzahl die Krankheitsgruppen betreffen, so ergibt sich folgendes aufschlußreiches Bild.

Art der Krankheiten	Maschinensetzer	Handsetzer	Drucker, Tiefdrucker	kaufm. Angestellte
	1	2	3	4
1. Epidemische, endemische und übertragbare Krankheiten	9 v. H.	10 v. H.	11 v. H.	18 v. H.
2. Krankheiten der Verdauungsorgane	7 „	9 „	11 „	14 „
3. Krankheiten der Nervenorgane	6 „	8 „	9 „	8 „
4. Krankheiten der Atmungsorgane	4 „	6 „	6 „	8 „
5. Krankheiten der Kreislauforgane	4 „	4 „	3 „	3 „
6. Krankheiten der Knochen und Bewegungsorgane .	2 „	4 „	5 „	3,5 „

Das Auftreten der Krankheitsgruppen bewegt sich bei den einzeln angeführten Sonderberufen in derselben Reihenfolge, wenn man von der Abweichung in Spalte 3 Ziffer 6 absieht. Dagegen ist der Vomhundertsatz der von Krankheiten Betroffenen bei den Maschinensetzern am geringsten, bei den kaufmännischen Angestellten zum Teil doppelt so hoch.

Zu der Frage der besonderen Gesundheitsgefährdung der Maschinensetzer wird im Jahre 1929 ein neuer Beitrag geliefert. In einer Schweizer Druckerei war in einer Rohrleitung, in welche die von den Gießkesseln der Setzmaschinen aufsteigenden Abzugsrohre mündeten, insbesondere hinter der Einmündung der von einer Typographmaschine kommenden Leitung, ein beträchtlicher Niederschlag eines dunkelgrauen Pulvers entdeckt worden, das bei der chemischen Untersuchung sich als stark bleihaltig erwies. Die Analyse soll folgende Bestandteile ergeben haben: 16 v. H. Antimonoxyd, 20 v. H. Aluminium- und Eisenoxyd, 32 v. H. Bleioxyd, 20 v. H. Wismutoxyd, 10 v. H. Gangart, 1 v. H. Glühverlust. Dieser Befund hat in der Arbeiterschaft Beunruhigung ausgelöst und in der Fachpresse zu einem lebhaften Meinungsaustausch geführt. Der Bericht der eidgenössischen Fabrikinspektoren über ihre Amtstätigkeit in den Jahren 1928 und 1929 führt dazu aus (S. 71/72): „Es erschien erwünscht, die Frage (nämlich ob Abzugsrohre erforderlich sind) einer neuen Abklärung entgegenzuführen, wiewohl schon im Jahre 1907 der damalige Vorsteher des hygienisch-bakteriologischen Instituts der Eidgenössischen Technischen Hochschule in Zürich, Professor Dr. O. Roth, den Beweis erbracht hatte, daß aus einem Bleischmelzbad kein Blei in nachweisbaren Mengen in die Luft übertritt. Die im Auftrag der Unfallversicherungsanstalt vom zürichschen Kantonchemiker Professor Dr. O. Waser, in einer Züricher Buchdruckerei durchgeführten neuen Untersuchungen gelangten zur Bestätigung des früheren Befundes: Blei konnte in der Luft über den Bleibädern nicht oder höchstens in Spuren festgestellt werden. Woher die bedeutenden Bleimengen in der Abzugsleitung stammten, wurde allerdings nicht weiter aufgeklärt; es ist anzunehmen, daß es sich um oxydischen Bleistaub handelt, der aus der Krätze des bei der Typographmaschine erheblichen Erschütterungen ausgesetzten Schmelzkessels aufgewirbelt wurde. Schon im Hinblick auf diese Möglichkeit wird man aber die Wünschbarkeit von Abzügen auch bei elektrischer Schmelzbadheizung bejahen müssen."

Jm Jahre 1932 ergreift der Vorstand des Schlesischen Maschinensetzervereins erneut die Initiative. Er richtet ein Rundschreiben an die Gewerbeaufsichtsbehörden Schlesiens und bittet die Gewerberäte, dafür Sorge zu tragen, daß auch die elektrisch beheizten Setzmaschinen mit Abzugsvorrichtungen versehen sein müssen. Begründet wird es damit, daß auch die elektrische Heizung eine gewisse Dampf- und Bleistaubmenge entwickelt, die am stärksten bei Überhitzung des Bleies auftritt. Ferner werden die Gewerberäte aufgefordert, der Be- und Entlüftung in den Setzmaschinen-Betrieben mehr Beachtung zu schenken. Hohe Temperaturen wären in den Betrieben überall anzutreffen.

Hiermit sind die Anschauungen über die Verhältnisse in den Setzmaschinenbetrieben, wie sie sich bei den unmittelbar Beteiligten herausgebildet haben, kurz umrissen. Verwunderlich bleibt, daß es in dem Zeitraum von 30 Jahren nicht gelungen ist, über die Streitpunkte, die immer dieselben geblieben sind, zu einer Einigung zu kommen, obwohl Untersuchungen wissenschaftlicher Art, insbesondere über die Entstehung von Bleidämpfen, genügend angestellt sind.

Wir haben daher, um zu einer Klärung beizutragen, Untersuchungen über die am meisten vorgetragenen Klagen angestellt. Sie haben sich auf die klimatischen Verhältnisse in den Setzmaschinenräumen erstreckt, ferner darauf, ob aus den Gießkesseln der Setzmaschinen Bleidämpfe kommen können, gegebenenfalls in welcher Menge, weiter ob bei gasbeheizten Setzmaschinen Kohlenoxyd in gefährlichen Mengen in der Luft des Arbeitsraumes vorhanden ist, und schließlich, welchen Kohlensäuregehalt die Luft in solchen Räumen hat.

Klimatische Untersuchungen in Setzmaschinenräumen.

Will man sich ein Bild von den Temperaturverhältnissen eines Raumes machen, in welchem mehrere Wärmequellen vorhanden sind, so genügt es im allgemeinen, stichprobenweise Einzelmessungen vorzunehmen. Jedoch muß man sich dann auf mehrere bestimmte Stellen im Raume festlegen, um zu einem Durchschnittswerte zu kommen. Uns kam eine Zuschrift zu Gesicht, in der die Temperatur eines Setzmaschinenraumes mit 44° C angegeben wurde und in der das Entsetzen über solche Temperaturen, bei denen die Setzer arbeiten müßten, zum Ausdruck kam. Eine nähere Nachprüfung ergab, daß die Temperatur über dem Gießkessel gemessen war. Der Fehler der Beobachtung liegt auf der Hand. Wir haben weniger Interesse für die Temperaturen an einzelnen Punkten des Setzmaschinenraumes gehabt, sondern strebten danach, einen Durchschnittswert für die Dauer der Arbeitszeit zu erhalten. Diese Möglichkeit verschaffte ein selbsttätiger Registrierapparat, wie er zum Beispiel von der Firma Fueß, Berlin-Steglitz, geliefert wird. Der Apparat wurde im Arbeitsraum am Arbeitsplatz des Setzers aufgestellt, und zwar am ungünstigsten Platze, das heißt, dort, wo der Platz weder im Bereich einer Tür noch von Fenstern war. Weiter war es erforderlich, ein Bild von der relativen Feuchtigkeit in den Setzmaschinenräumen zu erhalten, um im Vergleich mit den gemessenen Temperaturen Rückschlüsse auf das für das Wohlbefinden erforderliche Klima zu ermöglichen. Auch die relative Feuchtigkeit wurde am Arbeitsplatz des Setzers mit einem Registrierapparat selbsttätig aufgezeichnet. Allein die so ermittelten Faktoren, Temperatur und Feuchtigkeit, geben noch kein vollständiges Bild darüber, ob in einem Raume der Aufenthalt den gesundheitlichen Anforderungen entspricht. Von großem Einfluß ist die Luftbewegung, die eine Durchmischung und eine Erneuerung der Luft herbeiführt. Im Wärmehaushalt des Körpers trägt sie bekanntlich zur Wasserabgabe durch die Haut bei, dient der Abhärtung und der Erhöhung des Stoffumsatzes. In Anbetracht der geringen Geschwindigkeit der Luftbewegung in Setzmaschinenräumen — gegen stärkere Luftbewegung ist der Setzer wie viele andere Menschen erfahrungsgemäß außerordentlich empfindsam — ist es schwierig, sie mit dem Anemometer, etwa mit dem bekannten Schalenkreuz zu messen. Wir haben uns zu diesem Zwecke des Katathermometers bedient, das gleichzeitig auch auf die beiden anderen klimatischen Faktoren anspricht, auf Temperatur und Feuchtigkeit. Die Arbeitsweise des Katathermometers ist folgende. Auf der Suche nach einem Maßstab, der die für die Wärmeregelung des menschlichen Körpers maßgebenden Faktoren, Temperatur, Feuchtigkeit und Luftbewegung, gleichzeitig erfaßt und wiedergibt, kam man auf die Abkühlungskraft der an einer bestimmten Stelle vorhandenen Luft; denn diese ist abhängig von den genannten drei Faktoren. Zur Messung dient ein Alkoholthermometer, dessen Skala nur zwei Punkte aufweist, und zwar 35^0 und 38^0 C, entsprechend der mittleren Temperatur des menschlichen Körpers. Die Alkoholsäule des Thermometers wird durch Eintauchen in warmes Wasser auf 60^0 gebracht, das Instrument peinlich abgetrocknet und frei, jedoch ohne daß es pendelt, aufgehängt. Der Raumluft ausgesetzt, gibt es nun seine Wärme ab, die Alkoholsäule sinkt. Mit einer Stoppuhr stellt man die Zeit fest, während der die Säule von 38^0 auf 35^0 abkühlt. Die Dauer ist abhängig von der Temperatur bezw. von der Luftbewegung. Aus ihr läßt sich die Wärmeabgabe auf den Quadratzentimeter Oberfläche unter den Beobachtungsbedingungen berechnen. Man erhält dann einen Wert, der von dem Engländer Leonard Hill, dem ersten Erprober des Instrumentes, Kataindex genannt und mit dem Buchstaben H bezeichnet worden ist. Die von Hill entwickelte Berechnungsformel lautet:

$$H = \frac{F}{T} = \alpha\,(\Phi - A)$$

$$\alpha = 0{,}27$$

$$(\Phi - A) = \Theta$$

$$H = 0{,}27\,\Theta$$

H = Wärmeverlust in g kal vom qcm/sec.
T = gemessene Abkühlungszeit.
Φ = mittlere Temperatur des Katathermometers = $36{,}5^0$ C.

A = Lufttemperatur während der Messung.

α = eine Konstante, deren Wert Hill mit 0,27 bestimmt hat.

H = 0,27 Θ ist ein Wert, der nur für die Eichung der Instrumente von Bedeutung ist. Mit ihm muß der F-Wert eines jeden Instrumentes bestimmt werden. Er betrug bei unserem Instrument 606.

Mißt man die Abkühlungszeit in Sekunden, so ergibt sich der gesuchte Kataindex aus $H = \frac{F}{T}$.

In Räumen mit heißer Luft ist es erforderlich, die Abkühlungsmöglichkeit durch Verdunstung des Schweißes zu berücksichtigen, also den Einfluß der Feuchtigkeit zu erfassen. Zu diesem Zwecke wird die Thermometerkugel mit einer feuchten Musselinhülle umgeben, wodurch das Instrument auch zur Bestimmung der Luftfeuchtigkeit brauchbar ist. Das Instrument kühlt rascher ab. Man erhält bei Berechnung nach obenstehender Formel einen Wert H', der im Gegensatz zu H, dem „trockenen Kataindex“, mit „feuchter Kataindex“ bezeichnet wird.

Es liegt auf der Hand und ist mit der Eigenart des Instrumentes in Anbetracht seiner kleinen Masse verbunden, daß man aus den Abkühlungsbedingungen nicht unmittelbar rechnerisch die Entwärmung eines Menschen ermitteln kann. Das Katathermometer gibt nur Vergleichswerte für die verschiedenen äußeren Bedingungen, deren Sinn erst die Erfahrung aufschließen muß. Es setzt uns also in die Lage, zu beurteilen, ob die Be- und Entlüftung der Hygiene entspricht, wie die Temperaturverhältnisse sind, ob Klagen über Zugluft berechtigt sind oder nicht usw. Der den hygienischen Anforderungen entsprechende Katawert ist bis jetzt nur für wenige Betriebszweige ermittelt. Der trockene Katawert liegt normalerweise zwischen 5 und 6, d. h. bei diesen Werten besteht für den Menschen Behaglichkeit. Sinkt der Wert unter 4, so zeugt dies von zumindest unangenehmen Verhältnissen, bis sie bei ganz kleinen Werten unerträglich sein können. Beim feuchten Katathermometer liegt der entsprechende untere Grenzwert bei 10. Werte über 10 zeugen von erträglichen Arbeitsbedingungen. Rosenthal[1]) hat versucht, eine Beziehung zwischen dem trockenen und feuchten Katawert herzustellen, um zu einem einzigen Wert zu kommen, der einen immer gültigen Anhalt bietet. Er gibt den Wert $\frac{2\,H + H'}{3}$ an. Der Sinn dieser Bruchformel soll sein, daß angenommen wird, zwei Drittel der Körperoberfläche sei bekleidet und trocken und ein Drittel bloß und mit Schweiß bedeckt, so daß also für zwei Drittel das trockene Katathermometer und für ein Drittel der Körper-

---

[1]) Beihefte 5/6 zum Zentralblatt für Gewerbehygiene und Unfallverhütung (Deutsche Gesellschaft für Gewerbehygiene).

oberfläche das feuchte ein passender Vergleichswert ist. Diese Beziehung scheint uns gerade in Setzmaschinenräumen, in denen die Setzer überaus leicht bekleidet ihre Arbeit verrichten, anwendbar zu sein, wir haben daher auch diesen Wert, H″ bezeichnet, hin und wieder ermittelt. Das Arbeiten mit dem Katathermometer erfordert einige Übung und genaues Arbeiten, insbesondere sind Vorversuche nötig, um durch Vergleichswerte die Zuverlässigkeit des Instrumentes zu erproben. Hinzuweisen bleibt noch, daß das Katathermometer die am Wärmeaustausch beteiligten physiologischen Faktoren wie Körpertemperatur, Blutdruck usw., die erst das Bild der thermischen Gesamtwirkung vervollständigen würden, nicht erfassen kann. Eine gleichzeitige Messung mit den klimatischen Faktoren ist nicht möglich. Immerhin genügen die katathermometrischen Messungen für den praktischen Gebrauch, da sie wertvolle Anhaltspunkte liefern.

Wir haben also in Setzmaschinenräumen den Verlauf der Temperatur und der Feuchtigkeit erfaßt und ferner die Katawerte, die zugleich Aufschluß über Temperatur, Feuchtigkeit und Luftbewegung geben. Da die Werte demnach einander kontrollieren, schienen uns die so ermittelten Faktoren zu einer Beurteilung ausreichend zu sein. In einigen Räumen haben wir ferner vergleichsweise die Temperatur des feuchten Thermometers bestimmt, das ebenfalls zur Beurteilung der Wärmeverhältnisse sich eignet. Die kritische Temperatur des feuchten Thermometers liegt bei 24 ^{0} C. Sie soll nicht überschritten werden, da bei unbewegter Luft und höherer Temperatur ein Arbeiten auf die Dauer gesundheitsschädlich ist.

Insgesamt sind die klimatischen Verhältnisse in 20 Setzmaschinenräumen untersucht worden. Die Untersuchungen fanden im Sommer wie im Winter statt.

Betrachten wir zuerst die Verhältnisse in einer der größten Zeitungsdruckereien, die in ihrem Setzmaschinenraum 64 Maschinen stehen hat, davon 46 mit elektrischer und 18 mit Gas-Heizung. Auf eine Maschine entfallen etwa 60 cbm Luftraum, zweifellos ausreichend. Die Setzmaschinen sind sämtlich mit Abzugsrohren versehen, die in eine gemeinsame Leitung münden und in der Exhaustoren eingebaut sind. Der Betrieb arbeitet Tag und Nacht. Die folgende Tafel gibt die Temperaturverhältnisse wieder, wie sie an einem heißen Sommertage zu finden sind.

Temperaturen in C^{0}.

Uhrzeit	12	14	18	22	2	6	10	14	18	22
Raumtemperatur	28,5	30,5	32	28	26	25	27,5	30	31	28,5
Außentemperatur	26	27,5	24	21	18,5	19	23	25,5	23	20,5
Unterschied	2,5	3	8	7	7,5	6	4,5	4,5	8	7

Relative Feuchtigkeit in v. H.

Uhrzeit	12	14	18	22	2	6	10	14	18	22
Feuchtigkeit im Raume	60	54	45	60	64	70	64	55	50	64
Feuchtigkeit im Freien	70	70	85	90	—	—	85	70	80	90
Unterschied	10	16	40	30			21	15	30	26

Die höchsten Temperaturen liegen in den Nachmittagsstunden und fallen in die Zeit verstärkter Benutzung der Maschinen. Die Unterschiede gegenüber der Außentemperatur sind immerhin beachtenswert. Die Feuchtigkeitsmessungen zeigen nichts Ungewöhnliches, abgesehen von der bedingten Schwüle. Messungen mit dem Katathermometer ergaben in den Nachmittagsstunden trockene Katawerte zwischen 2 und 2,8. Dieselben Werte wurden auch in den Vormittagsstunden des zweiten Tages gemessen. Der feuchte Katawert bewegte sich zu denselben Zeiten zwischen 10 und 11. Wir haben auf Grund der Erfahrungen späterhin den trockenen Kata-Idealwert für Setzmaschinenräume auf 6 festgesetzt. Im vorliegenden Falle weicht der gemessene Wert von diesem Idealwert erheblich ab. Irgendwelche Schlüsse lassen sich jedoch in Anbetracht der hohen Raum- und Außentemperaturen nicht daraus ziehen. Der feuchte Katawert, der hier zur Beurteilung herangezogen werden muß, unterschreitet an sich nicht die zulässige Grenze. Stellt man die oben erwähnte Beziehung zwischen trockenem und feuchtem Katawert her, $H'' = \frac{2H + H'}{3}$, so ergeben sich Werte zwischen 4,8 und 5,5, die dem Idealwert näherkommen. Dieses in Anbetracht der hohen Temperaturen noch günstige Ergebnis hat natürlich seine Ursache. Sie liegt darin, daß sämtliche Fenster und Luftklappen, mit denen der Raum reichlich ausgestattet war, geöffnet waren. Ein Ventilator schaffte eine, wenn auch nur geringe Luftbewegung, außerdem war der Raum außergewöhnlich groß und hoch. Eine Vergleichsmessung im Freien um 14 Uhr des ersten Tages zeigte im Schatten einen trockenen Katawert von 2, einen feuchten von 17,8. Der H''-Wert lag über 7. Ein Vergleich der feuchten Katawerte außen und innen läßt deutlich den Einfluß der Luftbewegung im Freien erkennen. Würde die Luft im Innern mehr bewegt werden, so würde den Verhältnissen nach der Aufenthalt durchaus angenehm sein. Unangenehme Zugerscheinungen sind bei den vorhandenen Temperaturen nicht zu erwarten.

In demselben Betriebe wurden in kalter Jahreszeit bei Außentemperaturen zwischen —5 und +11° C Messungen vorgenommen (siehe Abb. 1). Die Temperaturkurve erreicht tagsüber mit 25° C

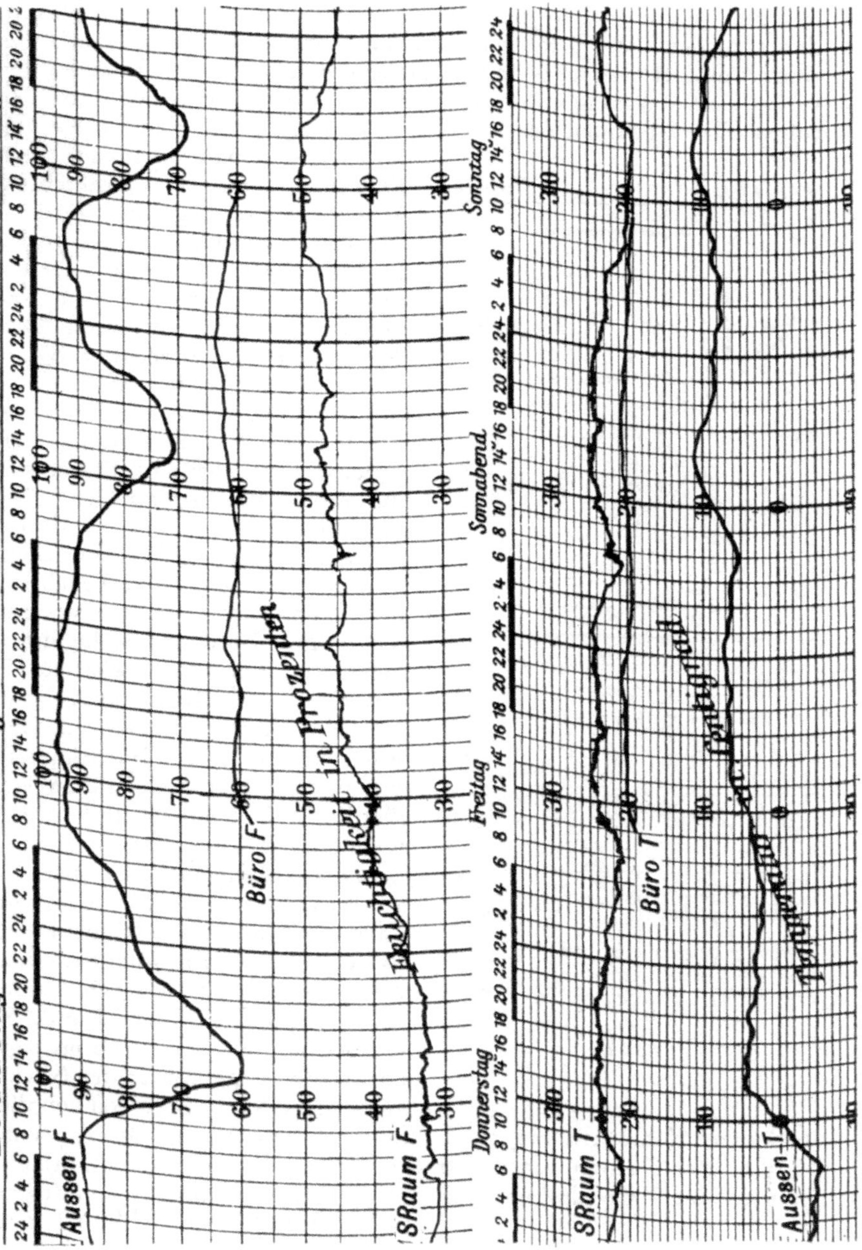
Donnerstag
Freitag
Sonnabend
Sonntag
Aussen F
SRaum F
Büro F
Feuchtigkeit in Prozenten
SRaum T
Büro T
Aussen T

Abb. 1.

den höchsten Wert, um in der Nachtzeit und in den Morgenstunden zwischen 4 und 8 Uhr bis auf 21⁰ herabzusinken. In diesen Stunden ruht der Betrieb teilweise. In die Morgenstunden soll auch die Reinigung des Betriebes fallen. Bemerkenswert ist der Temperaturverlauf am Sonntag. Von 6 Uhr morgens an muß der Betrieb ruhen. Das Absinken der Kurve läßt den Zeitpunkt der Einstellung der Arbeit genau erkennen. Von 20 Uhr ab darf mit bestimmten Arbeiten wieder begonnen werden. Die Temperaturkurve weist durch ihr Ansteigen nach, daß bereits kurz nach 17 Uhr mit den Arbeiten begonnen sein muß. Der Betrieb war dazu berechtigt, da an diesem Tage Wahlen stattfanden und eine Ausnahmegenehmigung erteilt war. Die Einhaltung der Arbeitszeitvorschriften läßt sich somit einwandfrei nachprüfen. Die Feuchtigkeitskurve liegt verhältnismäßig niedrig, sie verläuft zwischen 35 und 50 v. H. relative Feuchtigkeit. Zum Vergleich haben wir ein geräumiges Bürozimmer herangezogen, das eine ruhig zwischen 19 und 21° C verlaufende Kurve und 60 v. H. Feuchtigkeit aufweist. Gelüftet worden ist das Bürozimmer, wie aus der Kurve abzulesen ist, allerdings nicht. Immerhin leuchtet es ein, daß der Aufenthalt in diesem Zimmer angenehmer ist als im Setzmaschinenraum. Die trockenen Katawerte im Setzmaschinenraum lagen in den Vormittagsstunden von 8 bis 12 Uhr zwischen 4 und 5, die feuchten zwischen 12 und 13. H'' betrug um 11 Uhr vormittags des zweiten Tages 6,6. In den Nachmittagsstunden dagegen sanken die trockenen Katawerte bis zu 2, die feuchten auf 9,5 herab. Um 15 Uhr des zweiten Tages betrug H'' = 4,5. Ist in den Vormittagsstunden der Kata-Idealwert erreicht, so bleibt in den Nachmittagsstunden der Wert davon beträchtlich entfernt. Was fehlt, ist Zuführung von Frischluft und damit Erhöhung der Luftfeuchtigkeit. Eine dritte Untersuchung in demselben Betriebe bestätigte die früheren Erfahrungen.

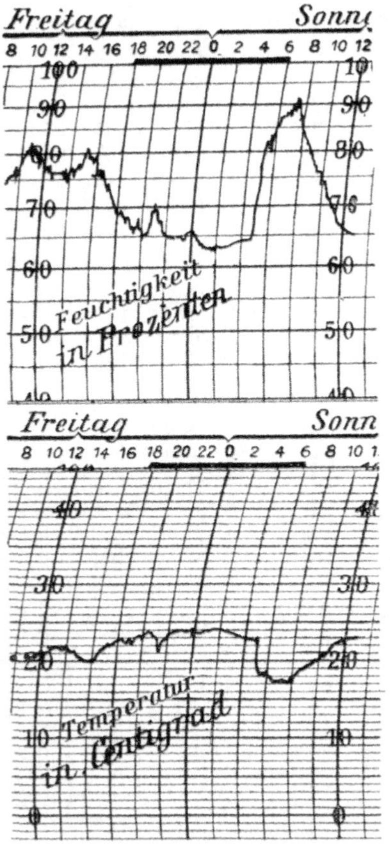

Abb. 2.

Aus den Untersuchungen in einem zweiten Zeitungs-Großbetriebe ist folgendes bemerkenswert.

Nach einem warmen Sommertage mit Außentemperaturen bis 26° C, brachte die Nacht Abkühlung und in den Morgenstunden Regen, so daß die Außentemperatur auf 16° zurückging. Da die Abkühlung als Wohltat empfunden wurde, waren sämtliche Fenster geöffnet; die Temperatur betrug im Setzmaschinenraum um 12 Uhr mittags 21° C, sie stieg am Nachmittag und Abend auf 24° an. Auch in der Nacht hielt sie sich auf dieser Höhe, bis pünktlich um 5 Uhr die Reinemachefrauen mit der feuchten Reinigung des Fußbodens begannen, wie es in der Bundesratsverordnung über die Einrichtung und den Betrieb von Buchdruckereien und Schriftgießereien aus dem Jahre 1897 vorgeschrieben ist. Wie die Abb. 2 zeigt, stieg durch die gründliche Reinigung und Lüftung die Feuchtigkeit bis auf 90 v. H., damit verbunden gingen die Temperaturen von 23° bis auf 17° zurück. Man könnte also durch fortlaufende Temperatur- und Feuchtigkeitsmessungen in gewissem Umfange die nicht unwichtige Bestimmung der Verordnung nachprüfen, wenn man dabei in Rechnung stellt, daß beim Abkühlen der Luft gleichzeitig ihr Feuchtigkeitsgehalt ansteigt. Erwähnt sei an dieser Stelle, daß wir an Hand der Kurven eine sorgfältige Reinigung und Lüftung nicht allzu häufig feststellen konnten. Die Katawerte entsprachen zur Zeit der Messung den Anforderungen, die trockenen lagen zwischen 5,5 und 7, die feuchten zwischen 15 und 17. Zu berücksichtigen ist dabei, daß die Außentemperaturen niedrig waren und daß durch die weitgeöffneten Fenster ein dauernder Luftaustausch stattfinden konnte. Auch in diesem Betriebe war der Luftraum reichlich bemessen, die Maschinen hatten Abzugsrohre. Es herrschte die elektrische Heizung und selbsttätige Metallzuführung vor.

Von Interesse war es festzustellen, welchen Wert die Abzugsrohre über den Gießkesseln für die Wärmeabführung im Sommer haben. Wir trafen eine Setzerei, die nur elektrisch beheizte Maschinen aufgestellt hatte, und zwar ohne jede Absaugung über den Gießkesseln. Es waren 27 Setzmaschinen vorhanden, der Luftraum auf 1 Maschine betrug 20 cbm. Sie waren in zwei Längsreihen aufgestellt. Der Raum konnte durch einen Ventilator entlüftet werden, meistens war er abgestellt. Der Betrieb arbeitete in drei Schichten.

Temperaturen in C°.

Uhrzeit	14	16	18	20	22	0	2	4	6	8
Raumtemperatur	25,5	27	26,8	26	25,5	26	25,5	25	23	24
Außentemperatur	22,6	22	21,5	21	20	19	17,5	17	19	19,2
Unterschied	2,9	5	5,3	5	5,5	7	8	8	4	4,8

Relative Feuchtigkeit in v. H.

Uhrzeit	14	16	18	20	22	0	2	4	6	8
Feuchtigkeit im Raume	70	66	67	73	74	73	72	71	75	76
Feuchtigkeit im Freien	70	75	85	90	90	—	—	—	91	87
Unterschied	—	9	18	17	16	—	—	—	16	11

Der trockene Katawert wurde an einer Maschine, die am weitesten vom Fenster entfernt und am ungünstigsten aufgestellt war, um 16 Uhr mit 2,9 gemessen, an Maschinen, die dicht am Fenster standen mit 3,5—4,4; der feuchte Katawert entsprechend mit 9,2 und 11,2 bis 13,4. H'' betrug im ungünstigsten Falle 5, im günstigsten 7,4. Es waren hier ohne Absaugung noch erträgliche, wenn auch nicht ideale Arbeitsbedingungen vorhanden, weil durch geschickte Fensteröffnung eine Luftbewegung stattfand, die das Arbeiten trotz der erhöhten Temperaturen erträglich machte. Wenn nicht sehr stark abgesaugt wird, ist der Wert der Abzugsrohre für die Wärmeabführung recht zweifelhaft. Sie bestehen aus Blechrohren, die den größten Teil der abgesaugten Wärme aufnehmen, sie sind oftmals so heiß, daß sie nicht anzufassen sind und tragen bei ihren Ausmessungen letzten Endes nur zur besseren Verteilung der Wärme im Raume bei. Eine starke Absaugung findet jedoch ihren Ausgleich in vermehrtem Heizaufwand.

Beachtenswert sind die Verhältnisse in einer neuzeitlich und nach dem Grundsatz: „Mehr Licht" gebauten Setzerei. Sie hatte ein Glasdach und zwei einander gegenüberliegende Glaswände. Die 16 elektrisch beheizten und mit Abzugsrohren versehenen Setzmaschinen verfügten über einen ausreichenden Luftraum, etwa 60 cbm je Maschine. Der Raum war mit einer besonderen Entlüftungsanlage ausgestattet, sie war aber durch Verstopfen der Rohrschlitze zum Teil unwirksam gemacht, außerdem nach Aussagen der Setzer selten in Betrieb. Das Glasdach und die Glaswände tragen im Sommer zur stärkeren Erwärmung bei. Selbst bei sommerlich niedrigen Außentemperaturen sind die Raumtemperaturen verhältnismäßig hoch, trotz Absaugung und Entlüftungsanlage.

Temperatur in C°.

Uhrzeit	9	10	11	12	16
Raumtemperatur	23,5	23,8	25,5	28,5	26,2
Außentemperatur	15,6	16,1	18,9	22	21
Unterschied	7,9	7,7	6,6	6,5	5,2

Relative Feuchtigkeit in v. H.

Uhrzeit	9	10	11	12	16
Feuchtigkeit im Raum	52	50	45	42	45
Feuchtigkeit im Freien	89	85	80	72	76

In den Vormittagsstunden zwischen 9 und 11 Uhr wurden trockene Katawerte von 4,5 bis 3,9 gemessen, in der Mittagszeit von 3,4 bis 3,7. Der feuchte Katawert betrug um 12 Uhr 14,8 und zwar waren zu dieser Zeit zwei gegenüberliegende Fenster geöffnet, wodurch eine leichte Luftbewegung stattfand. Man sieht, daß der neuzeitliche Bau keine besonderen Vorteile in den klimatischen Verhältnissen gegenüber den vorher erwähnten Betrieben aufweist. Im Winter, bei Temperaturen unter 0^0 erfordert er eine nicht unbeträchtliche zusätzliche Heizung.

Bei der Vornahme weiterer Messungen lernten wir einen äußerst schlechten Setzmaschinenraum kennen, wie wir ihn zum zweiten Male nicht angetroffen haben. Es konnten leider nur wenige Messungen ausgeführt werden. Zwölf gasbeheizte Setzmaschinen waren in einem winkligen Raum aufgestellt.

Temperaturen in C°.

Uhrzeit	9	10	11	12	14	19
Raumtemperatur	30,5	31,2	32,2	33	—	—
Außentemperatur	20,9	22,1	23,4	23,8	25,4	18,9
Unterschied	9,6	9,1	9,5	9,2		

Relative Feuchtigkeit in v. H.

Uhrzeit	9	10	11	12	14	19
Feuchtigkeit im Raum	60	56	48	45	—	—
Feuchtigkeit im Freien	94	90	86	70	60	86

Temperaturen von 33^0 C um 12 Uhr bei einer Außentemperatur von $23{,}8^0$ C lassen schon eine kritische Betrachtung zu. Das feuchte Thermometer zeigte morgens gegen 11 Uhr $25{,}6^0$ bei einem Unterschied gegenüber dem trockenen von 7^0. Genauen Aufschluß darüber, ob die Verhältnisse so hingenommen werden können, müssen die Katamessungen bringen, wenngleich jetzt hinterher beim Vergleich der Temperaturunterschiede zu erkennen ist, daß die Luft im Raume unbewegt sein muß. Der trockene Katawert wurde mit 1 bis 1,2, der feuchte mit 8 und 6 gemessen. Sie liefern die Bestätigung, daß ein Arbeiten in solchem Raume unerträglich sein muß. Die Fenster wurden von den Setzern fest geschlossen gehalten, weil sie einmal ungünstig angeordnet waren, zum andern auf jeden

Fall Zugluft, gegen die die Setzer nun einmal sehr empfindlich sind, entstehen mußte. In irgend einer Weise mußten sich diese Temperaturen auf die Setzer auswirken, sie schwitzten daher mächtig. Aber sie wußten sich zu helfen und hatten hinter ihrem Stuhl ein Handtuch befestigt, mit dem sie sich in Minuten-Abständen den Schweiß fortwischten. Eine Arbeit unter diesen Umständen kann längere Zeit ohne Störung des Allgemeinbefindens nicht verrichtet werden. Was hier fehlt, ist ausreichende Erneuerung der Luft.

Geschickte Aufstellung der Setzmaschinen sowie gute Raumverhältnisse ließen in einer anderen Setzerei im Sommer kaum nennenswerte Temperaturunterschiede gegenüber außen erkennen. Der Raum hatte folgende Anordnung:

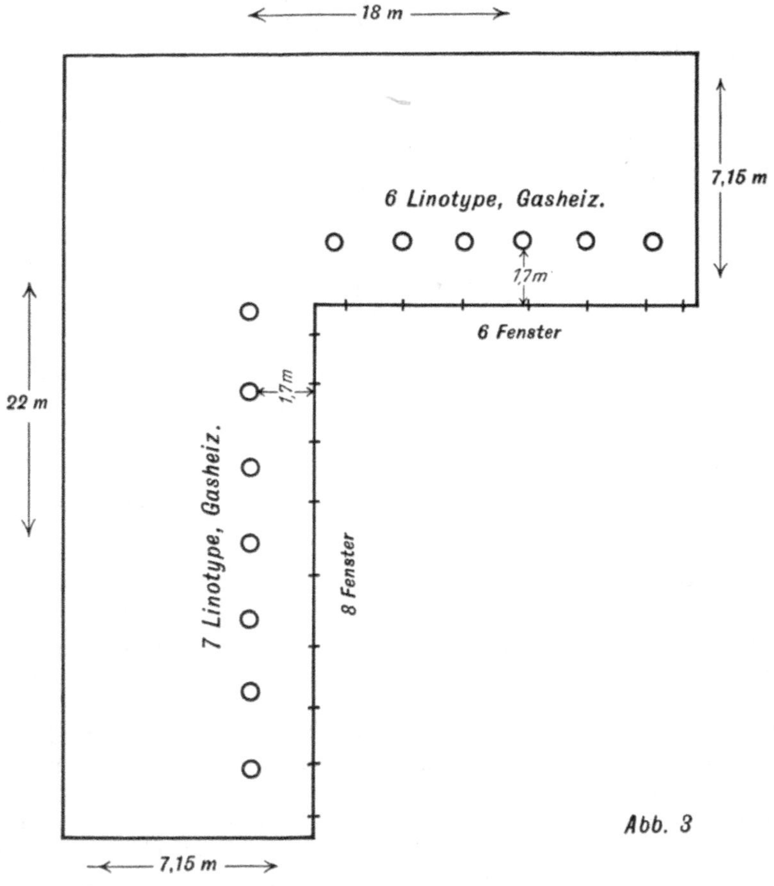

Abb. 3

Die Lüftung durch Öffnung der Fenster genügt hier selbst in warmen Tagen, dagegen ist beim Eintritt der kalten Jahreszeit eine regelmäßige Heizung wie in jedem anderen Raume nötig.

Wie liegen die Verhältnisse in der kühleren Jahreszeit?

Wir fanden einen Setzmaschinenraum, der rein äußerlich betrachtet, einen ungünstigen Eindruck machte. Er lag im obersten Stockwerk, unmittelbar unter dem schrägen Dache. Es waren sechs elektrisch beheizte Linotype-Maschinen aufgestellt, auf eine Maschine entfiel 20 cbm Luftraum. Absaugung über den Gießkesseln war nicht vorhanden. Nachts ging die Heizung aus. Der Raum konnte durch einen großen Kippflügel im schrägen Dache entlüftet werden.

Temperaturen in C°.

Uhrzeit	14	16	18	20	22	6	8	10	12	14
Raumtemperatur	25	25	24	24	24	20	20	22	24	25
Außentemperatur	16			13,6			10,6			12,3

Relative Feuchtigkeit in v. H.

Uhrzeit	14	16	18	20	22	6	8	10	12	14
Feuchtigkeit im Raum	53	53	52	53	52	55	56	55	50	52
Feuchtigkeit im Freien	57			65			86			73

Die Katawerte wurden bei geöffnetem Kippflügel, so daß eine geringe Luftbewegung bemerkbar war, und bei geschlossenem Flügel ermittelt.

a) geöffnet

Uhrzeit	13	14	15
H =	4,1	3 9	4

b) geschlossen

Uhrzeit	16	17	18	19
H =	3,2	3,4	3,3	3,3

H″ ergab um 14 Uhr einen Wert von 4,6, um 19 Uhr einen von 4,1. Die Messungen bestätigen den ungünstigen Eindruck, den der Raum machte. Die tagsüber ziemlich konstant verlaufenden Temperaturen und die wenig abweichenden Katawerte lassen eine angemessene Luftbewegung vermissen. Auch trägt der gering bemessene Luftraum zu diesen Verhältnissen bei.

Ein anderer Betrieb, der wenige Tage später untersucht wurde, hatte einen Linotype-Raum und einen Typograph-Raum. Die beiden Räume zeigten weitgehende klimatische Unterschiede.

Temperaturen in C°.

Uhrzeit	16	18	20	0	6	8	10	12	14	16	18	20
Temperatur im Linotype-Raum	24	25	24	23	21	18	20	21,5	23	25	25	24
Temperatur im Typographen-Raum	22	21,5	17,5				18		21,5	22	22	20,5
Außentemperatur	12	11,4	10	9,5	6,6	7,8			13,8			11

Relative Feuchtigkeit in v. H.

Uhrzeit	16	20	0	6	12	18	20
Feuchtigkeit im Linotype-Raum	55	52	51	55	50	45	41
Feuchtigkeit im Typographen-Raum	62				50	57	
Feuchtigkeit im Freien	75	79		84	52		68

Die Katawerte betrugen am 2. Tage

a) im Linotype-Raum

Uhrzeit	10	12	14	16
H =	4,4	4,7	4,7	4,5

b) im Typographen-Raum

Uhrzeit	9	11	13	15	17
H =	5	6,1	7,6	6,8	5,8

Bei Betrachtung dieser Ergebnisse muß man sich die Raumverhältnisse vergegenwärtigen. Der Linotype-Raum war 6 m breit, 9 m lang, 3 m hoch. Er hatte an der einen Längsseite zwei Fenster, die nach einem Lichthof führten, im übrigen keine Licht- und Luftzufuhr. Die Tür war mit einem Windfang versehen, um ja keine Luftbewegung entstehen zu lassen. Ein im oberen Flügel eines Fensters eingebauter Ventilator war dort zur Untätigkeit verdammt. Über den fünf gasbeheizten Gießkesseln war eine Absaugung vorgesehen. Sie hat ein Ansteigen der Temperaturen bis zu 25° C nicht verhindern können.

Der Typograph-Raum dagegen hatte eine Länge von etwa 17 m, war 4 m breit und 3 m hoch, also ein langgestreckter Raum, an dessen Längsseite breite Fenster für ausreichende Licht- und Luftzufuhr sorgten. Obwohl auf jede der zehn gasbeheizten und mit Absaugung versehenen Typograph-Maschinen nur 20 cbm Luftraum entfielen, war der Aufenthalt in dem Raume durchaus angenehm.

Die Setzer waren hier nicht so empfindlich gegen Luftbewegung, sie hielten das äußerste Fenster stets etwas geöffnet. Gearbeitet wurde in beiden Räumen von $7^1/_2$ bis $16^1/_2$ Uhr.

Als charakteristisches Beispiel für die Verhältnisse in Betrieben, die nur tagsüber während 8 Stunden arbeiten, können aus unseren Untersuchungen folgende Messungen angesehen werden. Sie sind in einem Betriebe vorgenommen worden, der über acht gasbeheizte Setzmaschinen verfügte, die mit Abzugsrohren ohne Exhaustor versehen waren. Auf eine Maschine entfiel 30 cbm Luftraum.

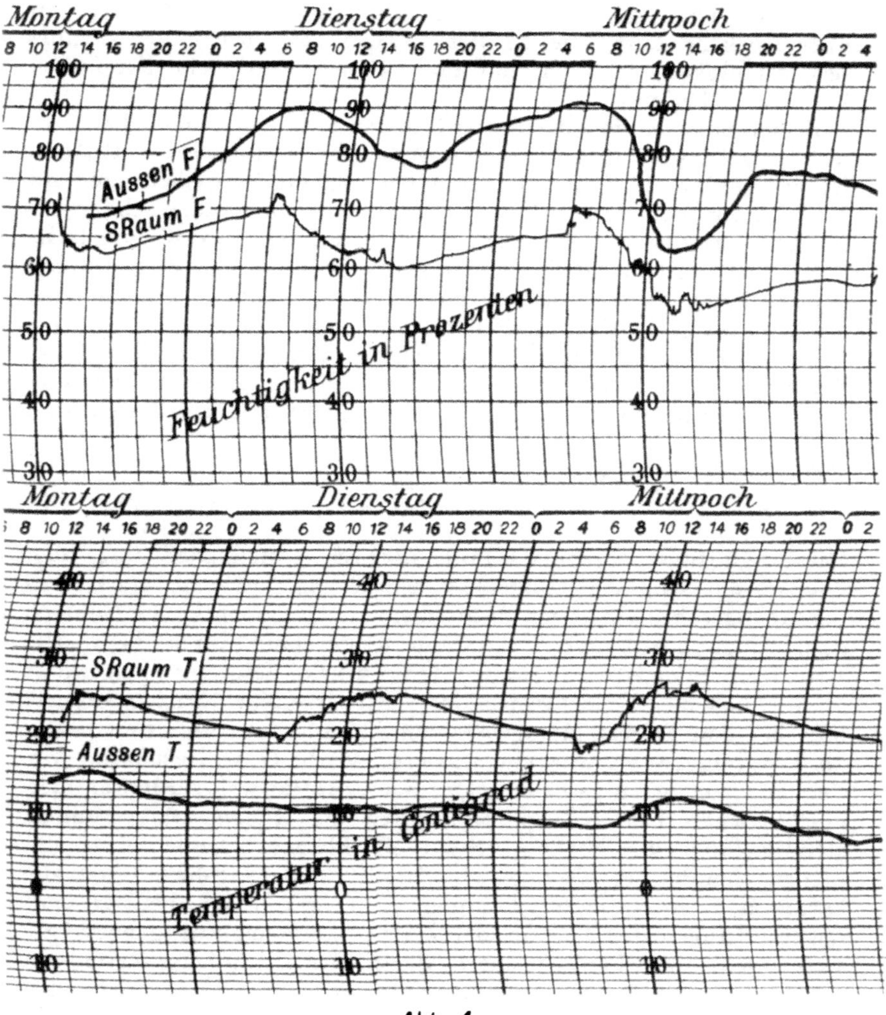

Abb. 4

Die Temperaturkurve (Abb. 4) zeigt vom Anfang bis zum Ende der Arbeitszeit ein regelmäßiges, stündliches Ansteigen. Nachtsüber sinkt die Kurve mit dem Nachlassen der Heizung, fällt in den frühen Morgenstunden beim Reinigen noch weiter, um dann beim Arbeitsbeginn die Aufwärtsbewegung anzutreten und als Höchstpunkt 25 und 27° C zu erreichen.

Dementsprechend ist auch der Verlauf der Feuchtigkeitskurve. Die trockenen Katawerte bewegten sich während der Dauer der Arbeitszeit zwischen 3,7 als günstigstem und 3 als niedrigstem in der Mittagszeit gemessenen Wert, bleiben also hinter dem Idealwert um die Hälfte zurück. Messungen in der Handsetzerei desselben Betriebes gaben Werte zwischen 5 und 6. Die Setzer klagten über trockene Luft. Die Fenster wurden aus Furcht vor Zugluft fest geschlossen gehalten, hin und wieder wurde ein Kippflügel kurze Zeit betätigt.

Bemerkenswert sind die Beobachtungen in einem großen Betriebe, der bestrebt war, möglichst gute Arbeitsbedingungen zu schaffen. Es waren dort 19 Linotype-Maschinen, davon 16 gasbeheizte und 3 elektrisch beheizte, aufgestellt, sämtlich mit mechanischer Absaugung ausgestattet. Auf eine Maschine entfiel etwa 40 cbm Luftraum. Der Verlauf der Temperaturkurve (Abb. 5) zeigt gegenüber den früheren Beobachtungen nichts Abweichendes, nur daß die Temperaturen niedriger verlaufen.

Beachtenswert ist auch hier wieder der Temperaturabfall und das Ansteigen der Feuchtigkeit im Zusammenhange mit der Reinigung in den Morgenstunden. Die Katawerte sind verhältnismäßig günstig.

Uhrzeit am zweiten Tage	$8^1/_2$	10	11	12	13	14	15
H =	5,6	4,9	4,9	5,5	5,3	5,5	5,4

Dieses günstige Ergebnis wurde dadurch erzielt, daß über den Gießkesseln sehr stark abgesaugt wurde, und zwar so stark, daß die Abzugsrohre vibrierten und daher im Raume ein lautes Summen dauernd zu hören war. Der Raum selbst stand durch das starke Absaugen unter einem gewissen Unterdruck. Besonders bemerkbar machte sich dies beim Öffnen der Tür, das einige Kraft erforderte und bei den Setzern unangenehmen Luftzug hervorgerufen haben muß. Infolgedessen war ein schwerer Vorhang schleusenartig vor der Tür angebracht worden. Der Unterdruck war ferner an den geschlossenen Fenstern spürbar, durch die Ritzen drang fühlbar ständig Luft ein. Wir versuchten ein kleines Scheibenfenster zu öffnen, mußten es aber gleich darauf wieder schließen, da die Setzer es nicht aushalten konnten. Den Setzern am Fenster muß das Eindringen der Luft in der kalten Jahreszeit unangenehm gewesen sein. Am Fenster waren dem Rahmen entlang Reste von angeklebtem Papier zu entdecken. Die Setzer erklärten dazu: „Sie stammen noch vom letzten Winter her. Wenn es draußen kalt wird,

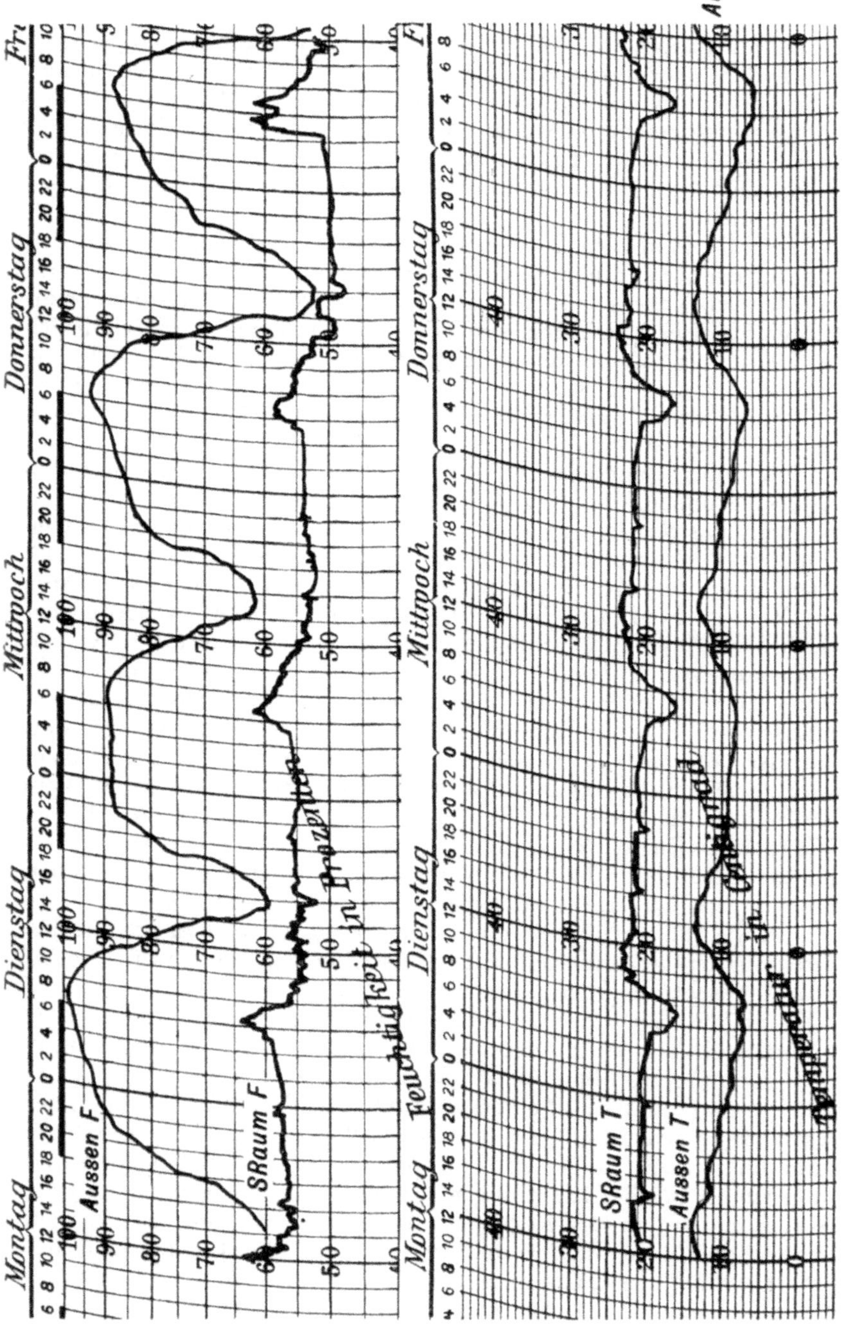
Montag
Dienstag
Mittwoch
Donnerstag
Aussen F
SRaum F
Feuchtigkeit in Prozenten
SRaum T
Aussen T

Abb. 5.

holen wir den Buchbinder von oben, der klebt dann die Fensterritzen mit Papier zu." Woher die Luft danach gekommen ist, ließ sich leider nicht feststellen. Bei einer an der Decke angebrachten Belüftungsanlage, bestehend aus zwei geöffneten Rohren, ließ sich eine Wirkung nicht feststellen. Wie die Temperaturmessungen und Katawerte zeigen, kann man auch mit solchen „Eisenbart-Methoden" erträgliche Arbeitsbedingungen schaffen. Zu empfehlen sind sie jedoch nicht.

Kontrollversuche in Monotype-Betrieben zeigten gegenüber den Verhältnissen in Linotype-Betrieben keine nennenswerten Unterschiede. Bei Außentemperaturen von 17 bis 20^0 betrugen die Innentemperaturen in den Gießräumen um die Mittagszeit durchschnittlich 25^0 C, nur in den ersten Morgenstunden lagen sie bei 20^0. Die Katawerte bewegten sich zwischen 2 und 4, erreichten in keinem Falle den Normalwert. H'' betrug in einigen Fällen 5, im übrigen lag der Wert darunter. Als günstiges Moment kann in den Monotype-Betrieben angesehen werden, daß die Gießer stehen und sich bewegen können.

Erwähnenswert ist von diesen Untersuchungen noch die in einem größeren Typographenraum mit 21 gasbeheizten Typographen, von denen z. Z. der Messungen nur acht in Betrieb waren. Der Raum war 30 m lang, 14 m breit und 3,90 m hoch. Die acht in Betrieb befindlichen Maschinen genügten, um den Raum bei einer Außentemperatur von 18 bis 20^0 C bereits in den Vormittagsstunden auf 28^0 C zu erwärmen. Die trockenen Katawerte lagen bei 2, die feuchten bei 9, H'' wurde zu 4,2 ermittelt. Also ungünstige Verhältnisse, die der Betriebsleitung auch einleuchteten. Die Fenster waren, wie üblich, fest geschlossen. Auf die Frage, warum sie nicht geöffnet würden, erfolgte die übliche Antwort: „Es zieht". Dieses Klagen über Zugluft ist nicht ganz unberechtigt. Durch den immerhin beträchtlichen Temperaturunterschied entstehen starke Luftbewegungen, die sich unangenehm bemerkbar machen.

Untersuchungen in weiteren Betrieben brachten lediglich die Bestätigung der geschilderten Verhältnisse, so daß von ihrer Wiedergabe abgesehen werden kann.

Fassen wir das Ergebnis kurz zusammen, so ist festzustellen, daß im Sommer die Innentemperaturen in den Setzmaschinenräumen 5—8^0 C, in einem besonders ungünstigen Falle sogar fast 10^0 C, höher liegen als die Außentemperaturen. In der kühleren Jahreszeit liegen sie in der Spitze um durchschnittlich 5^0 C höher als die für Aufenthaltsräume allgemein angenommenen Normaltemperaturen, hingegen ist bei Betrieben, die nur tagsüber arbeiten, in den frühen Morgenstunden in der Regel eine zusätzliche Heizung erforderlich, um auf die Normaltemperatur zu kommen. Die Feuchtigkeit hielt sich innerhalb der zulässigen Grenzen, wenngleich sie in manchen Fällen hart die Grenze erreichte. Die Katawerte schwankten in den einzelnen Betrieben außerordentlich, je nachdem mehr oder weniger gelüftet wurde. Der trockene Katawert erreichte nur selten den Idealwert, er lag fast durchweg zwischen 2 und 4, der aus trockenem und feuchtem Katawert errechnete H''-Wert erreichte nur in einigen Fällen den Normalwert.

Die Bestimmung des Blei-, des Kohlensäure- und des Kohlenoxydgehaltes der Luft in Setzmaschinenräumen.

A. Bleibestimmung.

Über die Frage, ob in Setzmaschinenräumen und Schriftgießereien eine Gesundheitsgefährdung der Arbeitnehmer durch verdampfendes oder verstäubtes bleihaltiges Letternmetall vorhanden ist, ist — wie oben schon erwähnt — bereits eine beträchtliche Zahl von Untersuchungen — und zwar fast stets mit negativem Ergebnis — durch-

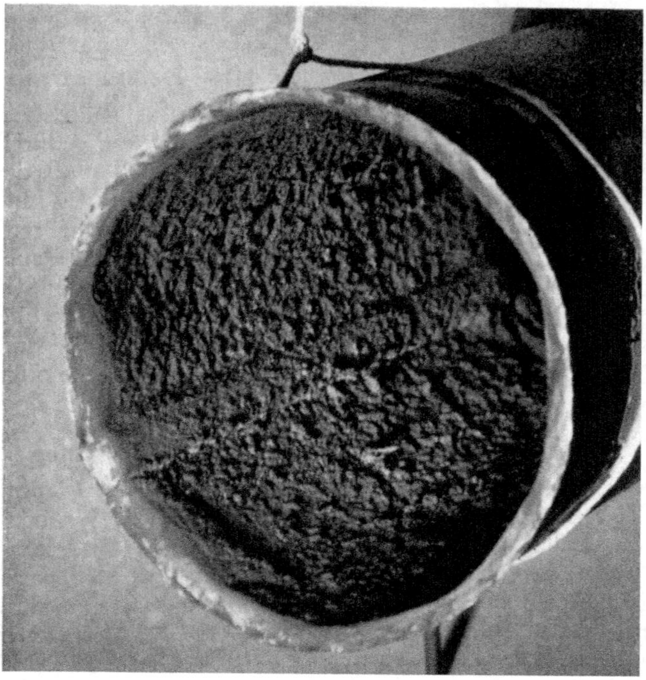

Abb. 6.

geführt worden, so daß es eigentlich als überflüssig hätte erscheinen können, eine so oft geprüfte Frage nochmals zum Gegenstand eingehender Nachforschungen zu machen.

Im Zusammenhang mit anderen Untersuchungen konnten wir jedoch nicht an ihr vorübergehen. Es fiel nämlich bei den Betriebsbesichtigungen auf, daß in den über den Gießkesseln der Setzmaschinen befindlichen Absaugungsrohren stärkere Staubansammlungen mit gelblichem Anflug sich fanden (Abb. 6 und 7). Die daraufhin im Reichsgesundheitsamt vorgenommene chemische Untersuchung dieses Staubes ergab einen Gehalt an Blei von etwa 30 v. H.

Im Verein mit sogleich näher zu erörternden Erwägungen wurde hierin ein Anlaß gesehen, der Frage nach der Gefährdung der an diesen Maschinen Beschäftigten durch verdampfendes Blei mit einer verbesserten Bestimmungsmethodik nochmals nachzugehen. Neuere Untersuchungen hatten nämlich gezeigt,[1]) daß wohl sämtliche bisher ausgeführten Bleigehaltsbestimmungen der Luft über Gießkesseln grundsätzliche Fehler aufwiesen, deren Größe nicht ohne weiteres abzuschätzen war. Es handelt sich hierbei um folgendes:

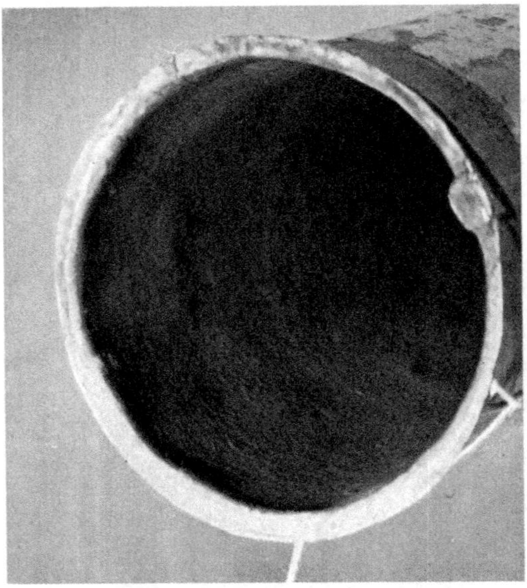

Abb. 7.

Derartige Untersuchungen sind bisher meist in der Weise durchgeführt worden, daß die zu untersuchende Luft durch eine oder mehrere Waschflaschen abgesaugt wurde, die mit verdünnter Schwefel-, Salpeter- oder Essigsäure gefüllt waren, wobei der eine oder andere Untersucher noch ein Watte- oder Asbestfilter „zum Abfangen der gröbsten Bleistaubteilchen“ vorschaltete. Man erwartete, daß der das Wattefilter durchströmende Staub oder kolloidale Bleirauch nun in den nachgeschalteten Waschflaschen quantitativ zurückgehalten werden würde. Es hat sich indessen in Versuchen, die im gewerbehygienischen Laboratorium des Reichsgesundheitsamtes durchgeführt wurden, gezeigt, daß selbst vier hintereinandergeschaltete, mit Prallkörpern gefüllte, 10%ige Salpetersäure enthaltende Waschflaschen für diesen Zweck wenig geeignet sind und unter Umständen nur etwa 3 bis 5 v. H. des Bleigehaltes der durchstreichenden Luft zurückhalten. Da nun auch die Filtration des Bleirauchs wie des feinsten Bleistaubes in den Watte- oder Asbest-

---

[1]) Weber, Über die Brauchbarkeit einiger Filterarten zur Bestimmung luftkolloidalen Bleirauchs und über eine neue Filtermodifikation, Zentralbl. f. Gewerbehygiene u. Unfallverhütung *10* (1933), 154.

filtern keineswegs quantitativ ist, dieser vielmehr unschwer ein 9 cm langes Wattefilter zu durchdringen vermag, wie aus Versuchen von Heise[1]) zu entnehmen ist, schien es wünschenswert, solche Versuche mit einer verbesserten Methodik zu wiederholen.

Für diese Versuche stand uns eine leistungsfähige, tragbare

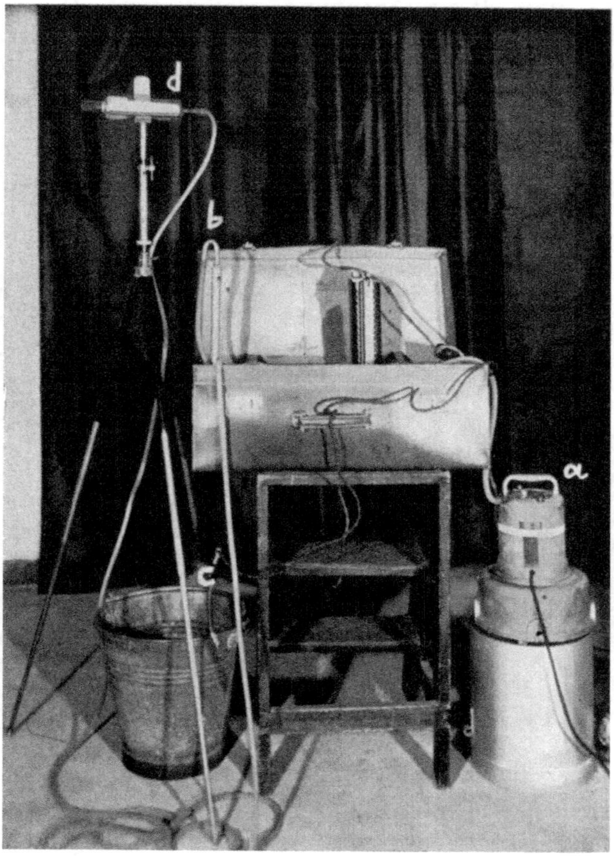

Abb. 8.

Apparatur zur Verfügung, die im gewerbehygienischen Laboratorium des Reichsgesundheitsamtes für derartige Untersuchungen entwickelt worden ist und hier kurz beschrieben sei:

Ein Turbogebläse (Abb. 8, a), mit Universalmotor für Gleich- und Wechselstrom, das bei Verwendung des später beschriebenen kolloiddichten Filters eine Leistung bis zu 16 l/min. hat — mit weniger

[1]) R. Heise, Der Bleigehalt der Luft oberhalb der Bleischmelzkessel in Schriftgießereien, Arbeiten aus dem Reichsgesundheitsamt, *51* (1919), 23.

dichten Filtern eine weit höhere — saugt einen Luftstrom an, der durch Einstellung auf ein Baro-Vakuummeter und ein Rotameter (b) genau gemessen und konstant gehalten werden kann. Um das Gerät an jede vorhandene Stromleitung anschließen zu können, wurde für den Universalmotor eine Spannung von 110 Volt gewählt. Steht an der Versuchsstelle nur Netzstrom von 220 Volt zur Verfügung, so muß dessen Spannung herabgesetzt werden, was in einfachster Weise durch das Vorschalten eines Tauchsieders (c) als Widerstand geschieht, den man in einen überall zu beschaffenden Eimer mit Wasser hängt; man vermeidet auf diese Weise das Mitführen eines der gewöhnlichen schweren Widerstände.

Abb. 9

Von den in einem Lederkoffer — der noch genügend Platz für die Aufnahme der Filter, Stative usw. enthält — angebrachten Meßinstrumenten geht eine Schlauchleitung zu einem Hülsenfilter (d), das nach unseren Versuchen auch die feinsten kolloiddispersen Bleirauchteilchen mit Sicherheit zurückhält. Die äußerst kompendiöse Form dieses Filters ermöglicht sein Heranbringen auch an schwerer zugängliche Stellen des Arbeitsraumes oder seine Befestigung an der Kleidung eines Arbeiters, ohne diesen merklich zu behelligen. Die ganze Apparatur, die in zwei Gepäckstücken untergebracht werden kann (Abb. 9), ist leicht zu befördern.

Die Untersuchungen auf das Vorhandensein gesundheitlich bedenklicher Konzentrationen von Bleistaub- oder Rauch in der Luft der Setzmaschinenräume erfolgten gemäß den nachstehenden Gesichtspunkten:

Zunächst wurden in Nachprüfung früherer Versuche Absaugungen der Luft über den Gießkesseln gas- und elektrisch beheizter Setzmaschinen in einem hygienisch gut betreuten Betriebe durchgeführt.

Es wurde jedesmal 4 Stunden lang mit etwa 1000 l/st. abgesaugt, so daß die geförderte Luftmenge etwa derjenigen entsprach, die ein Mensch in 8 Stunden verbraucht.

Es durfte nach den bisher in der Literatur vorliegenden Erfahrungen angenommen werden, daß die zu untersuchende Luft dann als unbedenklich angesehen werden konnte, wenn in der genannten Luftmenge erheblich weniger als 1 mg Blei gefunden wurde. Die quantitative Untersuchung der Filter auf Blei wurde nach dem bekannten Chromatverfahren (titrimetrisch) durchgeführt, eine Methode, die noch mindestens 0,2 mg Blei mit hinreichender Genauigkeit zu bestimmen gestattet.

Die Möglichkeit, solche Mengen Blei in den Filtern zu finden, erschien allerdings von vornherein sehr gering. Die Temperatur des Metallbades der verwendeten Setzmaschinen lag bei etwa 280°. Nach bekannten Regeln läßt sich nun, wenn die molekulare Verdampfungswärme des Bleies bekannt ist, der theoretische Höchstgehalt an Bleidampf im Liter Luftraum bei einer bestimmten Temperatur berechnen.[1]) Für die zwischen 250 und 1500° liegenden Temperaturen ergeben sich dann folgende Näherungswerte:

Berechneter höchstmöglicher Gehalt der Luft an Bleidampf für Temperaturen zwischen 250 und 1500°.

t:	250°	300°	350°	400°	450°	500°	550°
Pb mg/l:	6.10^{-11}	6.10^{-9}	16.10^{-7}	2.10^{-6}	2.10^{-5}	2.10^{-4}	8.10^{-4}

t:	600°	650°	700°	750°	800°	850°	900°	950°	1000°
Pb mg/l:	0,004	0,014	0,055	0,17	0,43	0,89	2,5	5,4	10,4

t:	1050°	1100°	1150°	1200°	1250°	1300°	1350°	1400°	1450°	1500°
Pb mg/l:	20	36	65	103	168	260	400	586	840	1180

Aus dieser Berechnung wird ersichtlich, daß bei 250° bestenfalls 0,00000000006 mg Blei im Liter Luft, in 4000 l daher 0,00000024 mg Blei, bei 300° 0,000024 mg Pb zu erwarten waren, Mengen, die weit unter der analytischen Erfaßbarkeit liegen.

In Übereinstimmung mit diesen Berechnungen fand sich, wie danach zu erwarten war, in keiner der von uns durchgeführten Absaugungen Blei in bestimmbaren Mengen in den Filtern, so daß die Grenzmenge von 1 mg Blei/4000 l Luft in keinem Falle auch nur annähernd erreicht wurde.

---

[1]) Durchgeführt unter Benutzung der Angaben von Auerbach in der Arbeit von R Heise (s. o.).

Die Absaugungen wurden an folgenden Stellen durchgeführt:

I. Über dem Schmelzkessel einer gasbeheizten Linotype=Maschine (Abb. 10).

II. Über dem Schmelzkessel einer elektrisch beheizten Linotype=Maschine.

III. Zwischen den elektrisch beheizten Linotype=Maschinen einer hygienisch sehr wenig günstigen, schlecht gereinigten Druckerei bei geschlossenen Fenstern (Abb. 11).

Abb. 10.

Es ergab sich somit aus dem negativen Ausfall sämtlicher Versuche, daß bei den in Rede stehenden Maschinen mit einer Metallbadtemperatur von 250 bis 300° von einer Gefährdung der Arbeitnehmer durch verdampfendes Blei nicht gesprochen werden kann. Darüber hinaus ergab die Untersuchung Nr. III, daß auch in schlecht gefegten, staubigen Räumen dieser Art die Grenzkonzentration von 1 mg Pb/4000 l Luft nicht erreicht wird.

Diese mit einer verbesserten Methodik unternommenen Versuche bestätigen also die Erhebungen früherer Bearbeiter, nach denen

„aus den Gießkesseln der Schriftgießereien, insbesondere den Kesseln der Typengießmaschinen, bei normaler Arbeitsweise weder durch Verdampfen noch durch Verstäuben Bleimengen entweichen, durch die eine in gesundheitlicher Hinsicht bedenkliche Erhöhung des Bleigehaltes der Raumluft zu befürchten wäre". (Heise.)

In einem gewissen Gegensatz zu dem negativen Ausfall dieser

Abb. 11.

Luftuntersuchungen scheinen auf den ersten Blick die oben erwähnten Staubabscheidungen in den Ventilationsrohren über den Gießkesseln zu stehen. Wie bereits mitgeteilt, ergab die Untersuchung dieses Staubes einen Bleigehalt von etwa 30 v. H. (ein Ergebnis gleicher Größenordnung wie bei dem auf Seite 13 mitgeteilten Befund des Bleigehalts in den Staubablagerungen, die sich in den Abzugsrohren einer Schweizer Druckerei fanden), so daß, wie es die Abb. 6 und 7 anschaulich machen, nicht unbeträchtliche Mengen dieses Metalls in den Absaugungsrohren sich angesammelt haben. Nach Auskunft der Betriebsleitung handelte es sich hier aber um Rohre, die seit etwa 10 Jahren in Benutzung waren und deren Staubbelag diese Zeitspanne zu seiner Bildung benötigte. Ferner wird man wohl annehmen können, daß diese meist nicht unbeträchtlich erwärmten Ventilationsrohre eine Art von Filterwirkung auf die durchstreichende Luft ausüben, die bis zu einem gewissen Grade mit der der elektrischen Filter verglichen werden kann; eine solche Wirkung ist an sich seit langem bekannt, wird aber bei der Beurteilung derartiger Staubablagerungen meist nicht genügend in Rechnung gestellt.

B. Kohlensäurebestimmung.

Im Rahmen der Untersuchung der allgemeinen hygienischen Arbeitsbedingungen an Setzmaschinen war weiterhin die Frage von Bedeutung, ob an den gasbeheizten Maschinen eine beträchtliche Vermehrung des Kohlensäuregehaltes der Luft sich nachweisen lassen würde. Aus diesem Grunde wurden einige Bestimmungen des Kohlensäuregehaltes der Luft in einem hygienisch nicht sehr guten Betriebe vorgenommen. Ausgeführt wurden diese Versuche nach der Pettenkoferschen Flaschenmethode. Luftproben wurden (bei geschlossenen Fenstern) entnommen

I. in Mundhöhe (stehend) mitten im Arbeitsraum,
II. an der Maschine in Mundhöhe am Platze des sitzenden Druckers,
III. dicht neben dem gasbeheizten Gießkessel.

Es ergaben sich folgende Werte:

I. Raumluft	1970 Teile CO_2 in 1 Million,
II. Arbeitsplatz	2500 Teile CO_2 in 1 Million,
III. am Kessel	4900 Teile CO_2 in 1 Million.

Zum Vergleich der erhaltenen Werte seien folgende Zahlen nach Lehmann[1]) genannt:

CO_2-Gehalt der freien Luft	300 Teile in 1 Million,
CO_2-Gehalt in Wohnräumen bis . . .	1000 Teile in 1 Million,
CO_2-Gehalt in Fabriken	1000—4000 Teile in 1 Million.

Eine Beeinträchtigung der Gesundheit der Arbeitnehmer in Räumen mit gasbeheizten Setzmaschinen durch Kohlensäurebildung ist nach diesen Befunden also nicht anzunehmen.

C. Kohlenoxydbestimmung.

Die Untersuchungen über das Vorkommen von Kohlenoxyd wurden ebenfalls in einem Betriebe vorgenommen, der einen hygi-

---

[1]) K. B. Lehmann, Arbeits- und Gewerbehygiene, Leipzig 1919, S. 181 und Archiv-Hygiene *34* (1899) 335.

enisch nicht sehr guten Eindruck machte. Der Betrieb verfügte nur über gasbeheizte Setzmaschinen. Gemessen wurde mit einem Dräger CO-Messer, der vorher im Laboratorium durch genau abgemessene CO-Mengen nachgeprüft worden war. Es wurde der CO-Gehalt bestimmt

1. am Arbeitsplatz des Setzers in Atemhöhe,
2. am Gießkessel in einem Abstand von 50 cm und einer Höhe von 1,50 m über dem Fußboden,
3. am Gießkessel in einem Abstand von etwa 50 cm, aber in einer Höhe von 1 m über dem Fußboden (Abb. 12).

Am Arbeitsplatz des Setzers in Atemhöhe wurde eine CO-Menge von 0,0034 v. H. gemessen. An einer zweiten Maschine wurde durch

Abb. 12.
CO-Messung am Gießkessel, Absaugung abgestellt.

Öffnung eines benachbarten Fensters eine kaum bemerkbare Lüftung bewirkt. CO ließ sich nicht feststellen. Erst nach Schließen des Fensters ließen sich in Atemhöhe des Setzers 0,0068 v. H. CO nachweisen.

Messungen in der Nähe des Gießkessels, also in nächster Nähe der Heizvorrichtung, ergaben in Höhe von 1,50 m über dem Fußboden 0,010 v. H. CO, in Höhe von 1 m über dem Erdboden 0,0134 v. H. CO.

Darüber, welche Kohlenoxydkonzentrationen für den Menschen giftig sind, besteht keine einheitliche Auffassung in der ärztlichen Literatur. Die Empfindlichkeit mag bei dem einzelnen Menschen verschieden sein. Feststeht jedenfalls, daß die von uns gemessenen Kohlenoxydmengen zu einer akuten Erkrankung nicht ausreichen. Inwieweit sie zu einer chronischen Vergiftung beitragen können, soll und kann z. Zt. noch nicht beurteilt werden.

Nach Abschluß unserer Untersuchungen erhielten wir Kenntnis von gleichartigen Untersuchungen, die Koelsch[1]) in Maschinen-setzereien mit gasbeheizten Gießkesseln angestellt hat. Er hält seine Befunde für im allgemeinen befriedigend. Von 23 Proben waren 7 völlig negativ, von den übrigen 16 wiesen nur 5 höhere Werte, und zwar um 0,01 v. H. CO herum, auf. Sie decken sich mit den von uns ermittelten CO-Konzentrationen.

Allgemeine Betrachtungen über die Untersuchungen.

Die Folgerungen, welche die Untersuchungen zulassen, sollen abschließend kurz umrissen werden. Daß die Temperaturen in Setzmaschinenräumen höher liegen als in gewöhnlichen Arbeitsräumen, ist in den Fachkreisen hinreichend bekannt. Wo Wärmequellen in größerer Zahl vorhanden sind, werden die Raumtemperaturen sich stets erhöhen. Wir stellen bewußt aus den Messungen des Katawertes keine allgemeinen Beziehungen her, die Rückschlüsse auf die körperliche Einwirkung des Raumklimas gestatten. Uns haben die Katawerte lediglich zur Beurteilung der physikalischen Raumverhältnisse gedient. Es sind zwar Versuche angestellt worden, um Beziehungen zwischen der Einwirkung klimatischer Faktoren auf die Haut (Temperaturabfall) und auf das physikalische Meßinstrument (Katagrad) aufzusuchen. Uns scheinen derartige Versuche in Anbetracht der bekannten Tatsache, daß die physiologischen Faktoren bei den einzelnen Menschen stets verschieden sind und immer sein werden, geringwertig zu sein. Wir haben daher angenommen, daß der auf Grund von Erfahrungen als normal anzusehende physikalische Zustand eines Raumes gleichzeitig sich gesundheitlich am besten auf den darin Arbeitenden auswirkt, ohne behaupten zu wollen, daß ein Arbeiten in den Setzmaschinenräumen bei erhöhten Temperaturen unbedingt gesundheitsschädlich sein muß.

Von diesem Gesichtspunkt aus können die mit der Setzarbeit nun einmal verbundenen Wärmeverhältnisse nicht allgemein in Kauf genommen werden. Man muß sich vergegenwärtigen, daß der Setzer den größten Teil seiner Arbeitszeit im Sitzen verbringt und nur wenig Gelegenheit hat, sich „Luft zu machen". Andererseits liebt der Setzer, der gewöhnlich nur mit Hose und Hemd bekleidet seine Arbeit verrichtet, eine gewisse Wärme. Jeder merkbaren Luftbewegung ist er abhold. Es muß daher ein Ausgleich gefunden werden, der einerseits den hygienischen Anforderungen an einen Arbeitsraum gerecht wird, andererseits dem Setzer keine Gelegenheit zum Klagen gibt. Einen großen Fortschritt hat bereits die selbsttätige Temperaturregelung bei der Beheizung der Gießkessel gebracht sowie die Einführung der elektrischen Heizung. In den

[1]) Archiv f. Gewerbepathologie u. Gewerbehygiene, 4. Bd., Heft 33, 1933.

untersuchten Betrieben waren die Setzmaschinen sämtlich mit derartigen Einrichtungen versehen. Wo selbsttätige Temperaturregler noch fehlen, müssen sie eingeführt werden, da sie die Wärmeverhältnisse in den Räumen entscheidend beeinflussen. Viele Betriebe stellen sich von Gasheizung auf elektrische Heizung um, nur in einem Falle wurde der rückläufige Weg aus angeblich wirtschaftlichen Gründen festgestellt.

Es muß danach gestrebt werden, in den Setzmaschinenräumen die durch die Strahlungswärme der Gießkessel bedingte Temperaturerhöhung in mäßigen Grenzen zu halten. Zur Erreichung dieses Zieles ist es zunächst erforderlich, die Gießkessel soweit als möglich gegen Wärmeabgabe in den Raum zu isolieren, eine Maßnahme, die der Verringerung der Heizkosten für das Schmelzen des Metalls zugute kommt. Dann darf der Raum nicht zu dicht mit Maschinen belegt werden. Der Luftraum darf unter keinen Umständen weniger als 30 cbm je Setzmaschine betragen. Dieser Forderung wird oftmals in nicht gerade glücklicher Form Rechnung getragen. Es steht zwar häufig ein genügend großer Raum zur Verfügung, jedoch sind die Setzmaschinen auf einer Seite, und zwar gewöhnlich nach der Fensterseite hin, so dicht zusammengerückt, daß kaum Platz zum Durchgehen bleibt. Betrachtet man dann den Raum, über den eine Setzmaschine für sich verfügt, so beträgt er meist weniger als 30 cbm. Diese oft zu beobachtende Aufstellungsweise hat ihren Grund. Man wollte in guter Absicht ausreichende Lichtverhältnisse schaffen. Aber nur allzuhäufig haben wir feststellen müssen, daß die vom Fenster weiter entfernten Reihen der Maschinen nur bei zusätzlicher künstlicher Beleuchtung bedient werden können, sodaß eine Aufstellung in etwas größeren Abständen auch die Gefahr des Zwielichts vermieden hätte. Dort, wo die Betriebsentwicklung nachträglich zu einer dichteren Belegung unter größtmöglicher Ausnutzung des Raumes geführt hat, muß mit der Zeit eine räumliche Erweiterung ins Auge gefaßt werden. Von Einfluß auf die Temperaturverhältnisse ist ferner die Bauart der Räume. Langgestreckte Räume mit einer Fensterwand verdienen vor viereckigen oder von den Fenstern aus in die Tiefe gehenden Räumen den Vorzug. Langgestreckte Räume lassen, wie wir festgestellt haben, eine Lüftung durch die Fenster leicht zu, ohne daß unangenehme Zugluft entsteht; gleichzeitig bringen sie einwandfreie Lichtverhältnisse. Voraussetzung ist, daß die Setzmaschinen in nicht mehr als 2 Reihen der Längsseite entlang aufgestellt werden. Als ideal sind mindestens $3^1/_2$ m hohe langgestreckte Räume anzusehen, deren Längswände mit möglichst durchlaufender Fensterfläche versehen sind und in denen die Setzmaschinen an den beiden Fensterseiten in nicht mehr als je 2 Reihen aufgestellt sind, während in der Mitte ein genügend breiter Verkehrsgang bleibt. Zuglufterscheinungen bei ungünstigem Wind können dadurch vermieden werden, daß die Fensterfläche nur im oberen Drittel zum Öffnen eingerichtet wird. Durch geschickte Fensteröffnung lassen sich in solchen Räumen die Temperaturen einfach und befriedigend regeln, ohne daß es zusätzlicher Lüftungseinrichtungen bedarf. Solche Räume sind jedoch äußerst selten anzutreffen.

Man sieht aus den angeführten Temperaturkurven, daß die Temperaturen nicht zu jeder Tageszeit gleich hoch sind, sondern ansteigen und abfallen. Die Spitzen sind daher auszugleichen, so daß die Kurve ziemlich gleichmäßig verläuft. Dies läßt sich in Betrieben mit bis zu 8 Setzmaschinen, die mit genauer Arbeitseinteilung in ein oder zwei Schichten arbeiten, durch einfache Fensterlüftung erreichen. Steht der Verlauf der Temperaturkurven in solchen Betrieben einmal fest, so kann man die Pausen, wenn es der Arbeitsablauf zuläßt, in die Nähe der höchsten Temperaturen legen. Der Raum ist in diesen Pausen stark zu entlüften. Auf jeden Fall aber müssen die Setzer während der Pause und Lüftung den Arbeitsraum verlassen. In Betrieben, in denen eine gleichmäßige Arbeitseinteilung nicht möglich ist, also zu jeder Zeit Setzer anwesend sein müssen, sowie in größeren Betrieben wird man ohne besondere Entlüftungseinrichtungen nicht auskommen, es sei denn, daß Räume der oben beschriebenen Art zur Verfügung stehen.

Ob die Gasheizung zu einer merkbaren Luftverschlechterung, wie behauptet wird, heute noch beiträgt oder nicht, mag dahingestellt sein. Wir haben sie, wie die CO_2- und CO-Bestimmungen zeigen, nicht feststellen können. Es leuchtet jedoch ein, daß vom hygienischen Standpunkt die elektrische Heizung vor der Gasheizung den Vorzug verdient, allein schon deshalb, weil dadurch die Meinungsverschiedenheiten über die Einwirkung der Verbrennungsgase zum Schweigen gebracht werden. Andererseits leuchtet es auch ein, daß in einem Raum, in dem Gas verbrannt wird, ein Teil der Luft verbraucht und die übrige verschlechtert wird, wenn nicht für Erneuerung, d. h. für Lüftung gesorgt wird. Zu einem guten Teil kann der Luftverschlechterung durch die Gasheizung schon abgeholfen werden, wenn dafür gesorgt wird, daß Gaszuführung und Brenner stets in Ordnung sind. Undichtigkeiten und schlechte Verbrennung sind die Hauptursachen der Luftverschlechterung. Die über den Gießkesseln angebrachten Abzugsrohre sollen nach herkömmlicher Ansicht auch die Verbrennungsgase der Gasheizung abführen, ein Ziel, das nur in seltenen Fällen bei starkem Saugzug erreicht werden kann. Man hat auch versucht, den Gießkessel vollständig zu ummanteln, um somit die Verbrennungsgase nicht mit der Raumluft in Berührung kommen zu lassen. Zu einer grundlegenden Verbesserung der Raumluft und Wärmeverhältnisse tragen solche Einrichtungen nicht bei, sie können sogar zwiespältig sein, da sie andere Erscheinungen wie Zugluft, ausgedehnte Wärmeverteilung u. a. hervorrufen können. Um einwandfreie Raumluft und einwandfreie Wärmeverhältnisse zu erreichen, bedarf es einer regelmäßigen Lufterneuerung des gesamten Raumes, sei es, daß sie in kleineren Betrieben durch Fensterlüftung während der Arbeitspausen oder in größeren Betrieben durch eine Ent- und Belüftungsanlage herbeigeführt wird. Alsdann spielen Verbrennungsgase keine Rolle mehr.

Wir haben, wie viele vor uns, theoretisch und praktisch festgestellt, daß aus den Gießkesseln der gas- wie elektrisch beheizten Setzmaschinen Bleidämpfe in meßbaren Mengen nicht heraustreten. Kommen jedoch keine Bleidämpfe aus den Gießkesseln, so ist auch eine Absaugungsanlage zu diesem Zweck überflüssig. Sie könnte zwar erforderlich werden, wenn ausgedruckte Zeilen wieder eingeschmolzen werden, dann aber nur wegen der übelriechenden Verbrennungsgase. Nach den Unfallverhütungsvorschriften der Deutschen Buchdrucker-Berufsgenossenschaft darf jedoch in den Gießkesseln gebrauchter Satz nicht eingeschmolzen werden. Diese Vorschrift muß streng durchgeführt werden, sie ist zweckmäßig auch in die Verordnung über Einrichtung und Betrieb von Buchdruckereien und Schriftgießereien aus dem Jahre 1897 — ihr hohes Alter rechtfertigt allein schon eine Erneuerung — aufzunehmen.

Auch der Versuch, in einer bestimmten Menge Raumluft meßbare Mengen Blei nachzuweisen, verlief ergebnislos. Daraus den Schluß zu ziehen, daß nun überhaupt kein Blei in der Raumluft der Setzmaschinenräume vorhanden sein kann, wäre verfehlt. Dem aufmerksamen Beobachter wird beim Aufenthalt in Setzmaschinenräumen auffallen, daß einfallende Sonnenstrahlen hin und wieder Staubteilchen metallisch aufflimmern lassen. Sie entstehen beim Weiterbearbeiten der gegossenen Zeile, wie Gratentfernen und Beschneiden, durch die Matrizen, hin und wieder auch durch das jedem Setzer bekannte „Müllern", d. i. Verstäubung von Metall beim Gießvorgang durch Undichtigkeit, was lediglich auf mangelhafte Instandhaltung und Pflege der Maschine zurückzuführen ist. Die Metall-Staubteilchen erlangen z. T. eine gewisse Flugfähigkeit, sinken infolge ihrer Schwere bald zu Boden oder lagern sich auf der Maschine oder Gegenständen ab. Sie zerfallen mit der Zeit, werden vertreten, gewinnen beim Auftreten von Luftströmungen wieder Flugfähigkeit und können sich somit auch auf höher gelegenen Gegenständen, Fensterrahmen usw., ablagern. Der Hauptteil des Staubes wird durch die tägliche, vorgeschriebene Reinigung des Fußbodens entfernt, vorausgesetzt, daß sie feucht erfolgt. Aber diese Reinigung vermag nicht zu verhindern, daß sich überhaupt kein Staub mehr ablagert. Wir haben diesen abgelagerten Staub auf seinen Bleigehalt hin untersucht, zunächst in einer Maschinensetzerei, die elektrisch beheizte Setzmaschinen ohne Absaugungsanlage hatte. Er wurde von den 2,50 m hohen Fensterrahmen und von einer in derselben Höhe angebrachten Wanduhr genommen, wo er sich in dünner, etwa 1 mm hoher Schicht während dreier Monate abgelagert hatte. Der Fensterstaub enthielt 10,58 v. H. Blei, der Staub auf der Wanduhr 12,43 v. H. Blei. Eine zweite Probe wurde aus einer Maschinensetzerei, deren Setzmaschinen mit Absaugung ausgestattet waren, genommen, und zwar wiederum von den Fensterrahmen in Höhe von 2,50 m. Dieser Staub enthielt 6,23 v. H. Blei.

Von Interesse erschien es uns, zum Vergleich den Staub in einer Handsetzerei zu untersuchen. Hier ließen sich in dem Fensterstaub 2,69 v. H. Blei feststellen. Daß der Staub in der Handsetzerei einen geringeren Bleigehalt als der in den Maschinensetzereien aufweist, ist erklärlich, da in Handsetzereien nur den Letternkästen entstammender bleihaltiger Staub sich im Raume ablagern kann, während in den Maschinensetzereien das bei der mechanischen Bearbeitung der gegossenen Zeile abfallende Metall sowie an den Matrizen haftende Teilchen viel stärker zur Staubablagerung beitragen.

Es sei ausdrücklich darauf hingewiesen, daß eine akute Gefahr bei der täglichen Arbeit durch den Staub nicht besteht, meßbare Bleimengen konnten, wie der oben angeführte Versuch gezeigt hat, in der Raumluft nicht festgestellt werden. Dagegen kann der Staub, wenn nicht vorbeugende Maßnahmen getroffen werden, mit der Zeit zu einer Gefahr werden.

Der Staubbekämpfung in den Maschinensetzereien ist nach alledem daher erhöhte Beachtung zu schenken.

Es will scheinen, als ob die bisher für erforderlich angesehenen Absaugungsanlagen an einer falschen Stelle der Maschine angebracht worden sind. Wenn überhaupt, dann hätten sie ihren Platz besser an den Stellen gefunden, an denen Bleistaub entstehen kann. Dem wird man aber auch durch konstruktive Maßnahmen an der Setzmaschine selbst begegnen können. Beim Gratentfernen wird die Zeile durch zwei Messer hindurchgeführt. Der abgescherte Grat fliegt wahllos umher. Bei Linotype-Maschinen ist auf dem Fußboden ein Blech vorgesehen, auf das der Grat fallen soll. Oft fehlt dieses Auffangblech, auch fliegt der Grat über das Blech hinaus oder bleibt an Teilen der Maschine hängen. Es muß sowohl bei Linotype- wie Typograph-Maschinen möglich sein, den Vorgang des Abscherens so zu leiten, daß dem Grat seine Flugkraft genommen wird und er dann nicht auf den Fußboden fällt, sondern in einem Behälter sicher aufgefangen werden kann. Wo gehobelt wird, fallen zwar Späne, aber sie können und müssen beseitigt werden. Der beim Beschneiden der Zeile entstehende Abfall fällt bei den Linotype-Maschinen über ein Rutschblech in einen seitlich an der Maschine angebrachten Behälter. Das Blech ist häufig verbogen oder zu kurz oder fehlt gar ganz. Der Abfall fällt dann einfach auf den Fußboden. Blech und Behälter sind Schutzvorrichtungen und dürfen nicht entfernt werden. Der Behälter muß täglich entleert und von Zeit zu Zeit mit staubbindendem Öl ausgerieben werden. Nach Abschluß der Arbeit erhielten wir Kenntnis von einem neuen Ausschließkeil-Reiniger der Linotype, der in hohem Maße dazu beiträgt, die Staubbildung durch die Matrizen zu vermeiden. Einfach in seiner Form, gibt er den Ausschließkeilen einen leichten

Ölhauch, wodurch das Ansetzen von Blei vermieden und ferner auch die Hauptursache des Spießübels beseitigt wird.

Abgesehen von diesen konstruktiven Maßnahmen ist die Reinigung und sachgemäße Instandhaltung der Setzmaschine durch den Setzer für die Staubbildung und -bindung von ausschlaggebendem Einfluß. Die Notwendigkeit, die Setzmaschine sachgemäß zu pflegen und zu behandeln, ist so bekannt, daß weitere Ausführungen darüber entbehrlich sind.

Der Fußboden darf nicht als Freistatt für Bleiabfälle, Unrat usw. angesehen werden. Und wenn es sich nicht vermeiden läßt, daß Abfälle auf den Boden fallen, so soll mit dem Beseitigen nicht gewartet werden, bis am Ende der Schicht die Reinemachefrau mit dem Besen erscheint. Hier ist noch viel Erziehungsarbeit zu leisten.

Von nicht zu unterschätzender Bedeutung ist weiter die Reinigung der Räume. Die Verordnung vom 31. Juli 1897 über Einrichtung und Betrieb der Buchdruckereien und Schriftgießereien, die auch für Maschinensetzereien gilt, obwohl in erster Linie auf Handsetzereien und Stereotypiebetriebe abgestellt, enthält darüber Bestimmungen, die nicht sorgfältig genug beachtet werden können. Manche dieser Bestimmungen sind jedoch nicht ausreichend und z. T. veraltet, sodaß eine Überarbeitung notwendig ist. Z. B. verlangt Ziffer 4 der Verordnung u. a., daß Bekleidung und Ölfarbenanstrich der Wände jährlich einmal abzuwaschen sind. Ferner fordert Ziffer 7: Die Räume und Einrichtungen, insbesondere auch Wände, Gesimse, Regale sind zweimal im Jahre gründlich zu reinigen. Ist es schon für den Gesetzeskundigen schwer, die beiden Vorschriften, soweit sie die Wände betreffen, in einen inneren Zusammenhang zu bringen, so muß der Druckereibesitzer um so mehr Überlegungen anstellen, was die Durchführung zumindest nicht fördert. Abgesehen davon, genügt diese Reinigung in Setzmaschinenräumen nicht. Wenn sich schon innerhalb 3 Monaten Bleistaubmengen ablagern, so muß eine vorbeugende Maßnahme wie die Reinigung kürzere Zeiträume vorsehen. Unabhängig von der Art der Wände ist in Setzmaschinenräumen eine monatliche gründliche Reinigung des gesamten Raumes, also der Decken, Wände, der Maschinen und der Einrichtungen notwendig, wobei vorspringende Teile von Fenstern, Türen und Gegenständen besonders zu berücksichtigen sind. Die Fußböden müssen täglich feucht gereinigt werden, wie es die Verordnung verlangt. Eine Reinigung des Raumes durch Abfegen ist nicht zweckdienlich, da der Staub dann erst recht aufgewirbelt wird und nicht zuletzt der reinigenden Person gefährlich wird. Am sichersten und besten geschieht die Reinigung durch einen Staubsauger, der in jeder Druckerei vorhanden sein und als Arbeitsgerät nun einmal zu dem Betriebe gehören soll. Man wird erstaunt sein, welche Staubmengen dabei anfallen, durch eine Analyse auf Blei kann sich jeder Druckereibesitzer von dem Unterschied gegenüber dem üblichen Staub überzeugen. In

Abb. 13.

Abb. 14

Handsetzereien wird man mit einer vierteljährlichen Reinigung den hygienischen Anforderungen gerecht. Ferner kann die in größeren Betrieben notwendige Ent= und Belüftung in den Dienst der Staub=bekämpfung gestellt werden. Die heute vorhandenen Absaugungs=anlagen über den einzelnen Setzmaschinen werden und können dieser Aufgabe nicht gerecht werden. Sie erfassen einmal nur die allernächste Umgebung des Gießkessels, oftmals nur diesen selbst, zum andern tragen sie zu den Klagen der Setzer über Zugerschei=nungen bei, denn die abgesaugte Luft muß durch neue ersetzt wer=den, die meistens den Weg durch die Fensterritzen nimmt. Das=selbe gilt von Raumventilatoren, die außerdem, wenn sie Luft in den Raum hineindrücken, den Staub aufwirbeln helfen. Diesen unerwünschten Begleiterscheinungen kann allein durch Absaugung der Raumluft an mehreren Stellen vom Fußboden aus, also nach unten, und Zuführung von Frischluft von der Decke aus, von oben, begegnet werden, wobei durch Verteilervorrichtungen die Luft=geschwindigkeit sich in mäßigen Grenzen halten muß. Derartige Anlagen dürften nicht teurer sein und arbeiten als die vorhandenen Einzelabsaugungsanlagen. Es ist nicht möglich, ein allgemein gül=tiges Schema einer Ent= und Belüftung für Setzmaschinenräume aufzustellen, da die Raumverhältnisse, Größe, Anordnung sowie die Dauer der Benutzung in jedem Falle verschieden sind. Die Grund=lagen der Be= und Entlüftungstechnik sind jedoch schon hinreichend wissenschaftlich erforscht, sodaß die Anpassung einer solchen An=lage an die jeweiligen Betriebsverhältnisse keinen Schwierigkeiten begegnet. Sachgemäß ausgeführt bannt sie die Staubgefahr, schafft einwandfreie Temperaturverhältnisse, läßt in Räumen mit gasbeheiz=ten Setzmaschinen keine verbrauchte Luft aufkommen und vermei=det vor allem die lästigen Zugerscheinungen, über die fast alle Setzer klagen.

Zum Schluß müssen noch einige persönliche Beobachtungen herausgestellt werden. Wir haben in mehreren Setzereien gesehen, wie Setzer bei ihrer Arbeit rauchten. Auf Vorhalten erklärten sie, die Arbeit koste Nerven, zur Beruhigung müßten sie rauchen. Auch das Biertrinken bei der Arbeit wurde in wärmeren Tagen beobachtet. Und ebenso wie der im Büro Tätige gewöhnlich sein mitgebrachtes Essen am Arbeitsplatz verzehrt, macht es auch der Setzer, oftmals ohne sich vorher die Hände zu waschen, wie es aus=drücklich die Verordnung verlangt. Essen und Alkoholgenuß wäh=rend der Arbeit, Rauchen, Schnupfen, Tabak= oder Gummikauen in den Arbeitsräumen ist verboten. Ein Aushang der Berufs=genossenschaft weist ausdrücklich auf dieses Verbot hin.

Zusammenfassend ist festzustellen: Die bislang vorgesehenen Ab=saugungsanlagen in Setzmaschinenräumen können ihren Zweck nicht erfüllen, weil sie auf falschen Voraussetzungen und irrigen An=

schauungen beruhen. Neben den schon geschilderten Nachteilen sind sie schwer zu reinigende Plätze für Staubablagerungen und machen auch sonst freundliche Räume unschön (Abb. 14 im Gegensatz zu Abb. 13). Einwandfreie gesundheitliche Verhältnisse sind durch Temperaturregelung, zweckmäßige und technisch richtige Be- und Entlüftung sowie durch vorbeugende Maßnahmen für Staubbekämpfung zu erreichen. Die Wege hoffen wir gewiesen zu haben.

Benutzte Literatur.

Hygiene im Setzmaschinensaal. Herausgegeben von der Zentralkommission der Maschinensetzer Deutschlands 1913.

Geschäftsberichte der Zentralkommission der Maschinensetzer Deutschlands.

Temperatur, Feuchtigkeit und Luftbewegung in industriellen Anlagen. Beihefte 5/6 zum Zentralblatt für Gewerbehygiene und Unfallverhütung.

Seitz, Die Hygiene im Schriftgießereigewerbe. Berlin 1924.

Arbeiten aus dem Reichsgesundheitsamt 1918, Bd. 51, S. 15.

Archiv für Hygiene 1924, S. 284.

Archiv für Gewerbepathologie und Gewerbehygiene 1933, Heft 33.

Der graphische Betrieb, Monatsschrift für Maschinentechnik, Betriebswissenschaft und Berufskunde.

Gesundheits-Ingenieur 1924, S. 477.

Klimsch's Druckerei-Anzeiger 1928, Nr. 81.

Korrespondent für Deutschlands Buchdrucker und Schriftgießer.

Münchn. med. Wochenschrift 1923, S. 1501; 1924, S. 399.

Zentralblatt für Gewerbehygiene und Unfallverhütung 1922, S. 142; 1925, S. 253; 1927, S. 6.

Schriften aus dem Gesamtgebiet der Gewerbehygiene.

Herausgegeben von der Deutschen Gesellschaft für Arbeitsschutz in Frankfurt a. M., Hohenzollernplatz 49.

Heft 16: **Gewerbestaub und Lungentuberkulose** (Stahl-, Porzellan-, Kohle-, Kalkstaub und Ruß). Eine literarische und experimentelle Studie von Prof. Dr. med. **K. W. Jötten,** Münster i. W., und Dr. med. **W. Arnoldi,** Münster i W. Mit 105 Abbildungen. VI, 256 Seiten. 1927. RM 27.—*

Heft 17: **Die Staublungenerkrankung (Pneumonokoniose) der Sandsteinarbeiter.** Von Prof. Dr. **A. Thiele,** Ministerialrat, Dresden, u. Stadtmedizinalrat Dr. **E. Saupe,** Dresden. Mit 22 Abbildungen. III, 69 S. 1927. RM 6.90*

Heft 18: **Die Beseitigung der beim Tauch- u. Spritzlackieren entstehenden Dämpfe.** Bearbeitet von Oberregierungs- u. -gewerberat **Wenzel,** Oberingenieur **Alvensleben,** Gewerberat a. D. Dr. **Witt,** Berlin. Zweite, neubearbeitete und ergänzte Auflage. Mit 36 Abbildungen. V, 47 Seiten. 1930. RM 3.90*

Heft 19: **Ergographische Studien über die Funktion der Handstrecker bei Arbeitern verschiedener Bleigefährdung.** Zugleich ein Beitrag zur Frage der Vergleichsmöglichkeit ergographischer Untersuchungen symmetrischer Muskelgruppen. Von Dr. med. **Carl E. Albrecht,** Bremen. Mit 20 Abbildungen. III, 62 Seiten. 1928. RM 6.—*

Heft 20: **Gewerbliche Augenschädigungen und ihre Verhütung.** Von Dr. med. **O. Thies,** Augenarzt in Dessau. Mit 35 Abb. IV, 43 Seiten. 1928. RM 4.80*

Heft 21: **Das Sandstrahlgebläse** unter besonderer Berücksichtigung der Maßnahmen zur Vermeidung von Schädigungen bei seiner Verwendung. Unter Mitwirkung von Reichsbahnrat E. Lehmann, Nied a. Main, Gewerberat W. Vogel, Halberstadt, bearbeitet von Oberregierungsgewerberat a. D. **K. R. Maukisch,** Leipzig, und Oberingenieur **H. Sperk,** Leipzig. Mit 44 Abbildungen. V, 46 Seiten. 1928. RM 5.70*

Heft 22: **Die Aschebeseitigung in Großkesselanlagen.** Unter Mitwirkung von Regierungs- und Gewerberat A. Pasch, Gumbinnen, Gewerberat D. Andresen, Berlin, Oberingenieur M. Schimpf, Essen, nebst Beiträgen von Gewerberat F. Budde, Bitterfeld, und Gewerberat Dr. A. Rosebrock, Köln, bearbeitet von **A. Rühl,** Ministerialrat, und **R. Schulte,** Direktor des Dampfkesselüberwachungsvereins der Zechen im Oberbergamtsbezirk Essen. Mit 23 Abb. V, 46 S. 1928. Vergriffen.

Heft 23: **Das Tiefdruckverfahren** unter besonderer Berücksichtigung der Maßnahmen zur Vermeidung von Schädigungen bei seiner Verwendung. Bearbeitet von Dr. **R. Krug,** Halle-Ammendorf, Dipl.-Ing. **Fr. Rothe,** Direktor der Deutschen Buchdrucker-Berufsgenossenschaft, Leipzig, und **J. Wenzel,** Oberregierungs- und -gewerberat, Berlin. Zweite, neu bearbeitete und ergänzte Auflage. Mit 21 Abbildungen. VI, 35 Seiten. 1930. RM 3.60*

Heft 24: **Internationale Übersicht über Gewerbekrankheiten** nach den Berichten der Gewerbeaufsichtsbehörden der Kulturländer über die Jahre 1920–1926. Bearbeitet von Prof. Dr. **E. Brezina,** Wien. VI, 205 S. 1929. RM 12.—*

Heft 25: **Über die Gesundheitsverhältnisse der Arbeiter in der deutschen keramischen, insbesondere der Porzellan-Industrie** mit besonderer Berücksichtigung der Tuberkulosefrage. Von Prof. Dr. **K. B. Lehmann,** Geh. Rat, Direktor des Hygien. Instituts, Würzburg. 55 S. 1929. RM 3.60*

Heft 26: **Gewerbestaub und Lungentuberkulose.** Zweiter Teil (Zement-, Tabak- und Tonschiefer-Staub). Von Professor Dr. med. **K. W. Jötten,** Münster i. Westf., und Dr. **Thea Kortmann,** Münster i. Westf. Mit einem Beitrag: Übt das Staubstreuverfahren in den Kohlenbergwerken einen schädigenden Einfluß auf die Gesundheit der Bergleute aus? Von Dr. G. Schulte, Leiter der Röntgenabteilung des Knappschaftskrankenhauses Recklinghausen. Mit 56 Abbildungen. IV, 125 Seiten. 1929. RM 21.—*

Heft 27: **Die soziale Hygiene in der badischen Bürstenindustrie.** Von Dr. **Artur Brandt,** Mühlhausen i. Thür. 59 Seiten. 1930. RM 7.80*

Heft 28: **Ärztliche Merkblätter über berufliche Erkrankungen** unter besonderer Berücksichtigung der Verordnung des Reichsarbeitsministers vom 11. Februar 1929 über Ausdehnung der Unfallversicherung auf Berufskrankheiten. Dritte Auflage. Unter Mitarbeit von Prof. Dr. Beck, Heidelberg; Gewerbemedizinalrat Dr. Beintker, Münster i. W.; Prof. Dr. Best, Dresden; Prof. Dr. Böhme, Bochum; Prof. Dr. Bruns, Gelsenkirchen; Prof. Dr. Chajes, Berlin; Prof. Dr. Holtzmann, Karlsruhe; Direktor Dr. Martius, Berlin; Dr. Ruge, Hamburg; Dr. Schultz, Charlottenburg; Prof. Dr. Schwarz, Hamburg; Geheimrat Prof. Dr. Thiele, Dresden, herausgegeben von den **Fabrikärzten der chemischen Industrie.** Mit 12 Abbildungen im Text und 2 Tafeln. IV, 130 Seiten. 1930. RM 10.50*

* Auf die Preise der vor dem 1. Juli 1931 erschienenen Bücher wird ein Notnachlaß von 10% gewährt.

GPSR Compliance

The European Union's (EU) General Product Safety Regulation (GPSR) is a set of rules that requires consumer products to be safe and our obligations to ensure this.

If you have any concerns about our products, you can contact us on ProductSafety@springernature.com

In case Publisher is established outside the EU, the EU authorized representative is:

Springer Nature Customer Service Center GmbH
Europaplatz 3
69115 Heidelberg, Germany

Batch number: 10844675

Printed by Printforce, the Netherlands